シングルマザーを生き抜く15のノウハウ

――離婚・貧困の連鎖を乗り越えて

ふじ えりこ

合同出版

はじめに

この本は、**結婚以上離婚以下ひとり親未満の方**、あるいはすでに**ひとり親になった方**に向けて、私の国際結婚→離婚（できちゃった婚で、約1年）＋国内結婚→離婚（入籍期間約6カ月）、そしてその後のひとり親生活での体験をもとに、ひとり親の状況を正しく理解するためのマニュアルになればと書かせて頂きました。本書に登場するえりたまは私（著者）、つよぴょんは息子です。「私のケース」が《レア》なのか《絵に描いたようなもの》なのかはご意見の分かれるところと思いますが、しかし、一歩間違えれば誰でも陥るケースなのではないでしょうか？

２度の離婚はともに感情的に別れてしまったため協議離婚になり、財産分与、慰謝料、養育費は一切なし。離婚当時の貯金は50万円以下、家賃6万8000円の6畳（1K）のマンションから母子だけの生活をスタートすることに。

働きづめで生活がギリギリの中、どんなに子どもに愛を求められても、そのゆとりがもてませんでした（やや反省！）。また多くのストレスから、子どものことを疎ましく感じ、母が子を……といったニュースを見るたびに、その気持ちわか

＊登場人物紹介＊

えりたま

２度の離婚を経験したシングルマザー。職業はライターだが、さまざまな女性たちの離婚相談にものっている。

る〜って思いました。子どもを産んだことは私の幸せだったのだろうか？　と毎日が自問自答の繰り返しです。ですから、離婚を考えている方に対して、私は、子どもがまだ未成年なら離婚しないで！　どうしても離婚するなら協議離婚は絶対にダメ！　養育費を必ずもらってください！　と切に訴えたいです。……もちろん、暴力、依存症、借金……舅、姑、問題などから、あなたと子どもの安全にかかわる問題に至った場合は別ですが……。

最後になりますが、本書の制作には諸先輩方の書物や資料、並びにインターネット上のサイトやブログ、データを数多く参考にさせて頂きました。また、本書がよりわかりやすくなるように漫画を添えてくださった世鳥アスカ氏、図表をデザインしてくださった甲斐麻里恵氏、編集に携わってくださった沖元友佳氏、企画をカタチにしてくださった長澤久氏、そして発行元である合同出版に心から感謝いたします。

そして何よりも、本書を手にしてくださった方に心を込めて、感謝を申し上げます。

ふじ　えりこ

つよぴょん

えりたまの子ども。ひとり親が原因で学校でイジメに遭い、やがて非行に走る。

目次

はじめに 002

第1章 008
もう耐えられない！
……行きつく先は離婚しかないけど!?
シングルマザーの8割は離婚が原因！

第2章 014
シングルマザー……って
特別じゃない……はず！
母子世帯は70万世帯！　全世帯の1・5％！

第3章 024
離婚すると女は苦労する！
離婚を急ぐと慰謝料0円に!?
離婚時にきちんと決めておこう！

第4章 030
見栄より現実！　養育費は大事な収入源！
養育費をもらっている母子世帯はたったの19％！

第5章 038
離婚と女親の孤独！
離婚した子どもの約3割が
「離婚してほしくなかった」と思っている!!

コラム
離婚後の子どもの戸籍と姓

第6章 050
シングルマザーのおさいふ事情!?
生活保護を受けていない母子世帯の8割が、
生活保護レベル以下の生活をしている

第7章 062
住居探しから始まる苦難の道のり！
公営住宅・賃貸・マンション……
シングルマザーはどこに住む!?

第8章 068
仕事と育児をひとりでこなす!?
シングルマザーの仕事探し！
雇用形態はパートが4割超える！

第9章 076
保育園入園も神だのみ！
保育園に入園待ちの児童はなんと
2万6000人！　入れるかは運次第！

第10章 084
帰宅が遅いママに朗報!?
働くシングルマザーには月額5000円で
子どもを預かってくれる学童クラブが便利!

コラム
日本の離婚率は世界26位!
国際結婚……その行く末は!?

第11章 090
100均服を着てるママ、
諭吉服を着てる子ども!?
学校指定購入品、全部計算したら10万円を
超えてしまった……!

第12章 096
子どもも孤独!
ひとり親家庭では塾にも行けず
成績が悪いのは誰のせい?

第13章 102
塾に行けない子どもは進学できない!?
母子世帯で高校卒業できない子どもには
定時制高校狙いもアリ。

第14章 110
イジメ、不登校、家出……非行に走る子ども
母子世帯の子どもが非行に走る確率は
両親が揃っている家庭の2倍以上!

コラム
一時保護所ってこんなところ!

第15章 124
恐怖! 家庭内暴力が殺人に!?
子どもの家庭内暴力は年間約1300件!
約6割が母親を対象!

コラム
離婚後、セカンドファミリー(再婚)を
考えたくなったときは?

まとめ 140
おわりに 142
参考文献 143

フローチャート

START!

離婚したい！　でもどうしよう…!!

離婚しない

第1章
もう耐えられない！
……行きつく先は**離婚**しかないけど⁉ 008

シングルマザーについて理解する

第2章
シングルマザー……って
特別じゃない……はず！ 014

悩んだ結果……

離婚を決意！

やっぱり離婚しない

第3章
離婚すると女は**苦労**する！ 024

離婚したけど……決めることはわかってる？

バッチリ!!

何を決めればいいの？

第4章
見栄より現実！　**養育費**は大事な収入源！ 030

養育費以外にもこんなことを
決めておきたい

第5章
離婚と女親の**孤独**！ 038

いよいよシングルマザー生活！

早速お金がない！

お金は当面大丈夫

第6章
シングルマザーの
おさいふ事情⁉ 050

コラム
・離婚後の子どもの戸籍と姓 049

住む家はある？

ない！

ある！

第7章
住居探しから始まる
苦難の道のり！ 062

現在、仕事はしていますか？

定職についている

求職中、あるいは転職を
考えています

第8章
仕事と**育児**をひとりでこなす⁉ 068

子どもは今いくつ？
小学生未満
小学生
中学生

第9章
保育園入園も神だのみ！ 076

第10章
帰宅が遅いママに朗報!? 084

コラム
・日本の離婚率は世界26位！ 089
・国際結婚……その行く末は!?

第11章
100均服を着てるママ、諭吉服を着てる子ども!? 090

子どもの成績は？
成績は良くない
問題なし！

第12章
子どもも孤独！ 096

第13章
塾に行けない子どもは進学できない!? 102

子どもの非行は大丈夫？
ちょっと心配……
大丈夫！

第14章
イジメ、不登校、家出……非行に走る子ども 110

解決した

コラム
・一時保護所ってこんなところ！ 123

悪化している……！

第15章
恐怖！　家庭内暴力が殺人に!? 124

コラム
・離婚後、セカンドファミリー（再婚）を考えたくなったときは？ 139

第1章

もう耐えられない！……行きつく先は離婚しかないけど!?

シングルマザーの8割は離婚が原因！

結婚したら仕事辞めて家にいてくれ
ボクが君の分も一生懸命働くから！
ラブラブ
わかった寿退社するわ♡
妊娠してから夫が冷たい…
夜も遅いし不安だわ
おい洗濯物ジャマだぞあとコーヒー
ちょっと待ってよ
無事に生まれたけどスゴイ夜泣き！
ほぎゃ
ほぎゃ
うるさい！静かにさせろよ!!
だまらせろっ
仕方ないじゃない！
ったく家と子どもはお前の責任だろ!?
稼いできてやってるのに態度がなってないんだよ！
ネチネチネチネチ
どうしよう…もう離婚しかないかも

Q
ドラマ・映画・漫画・小説の中や、シングルマザーのタレントさんは、母と子どもの生活を満喫してとても楽しそうだけど、本当にそうなのでしょうか？

A
いいえ、結論から言うと、シングルマザーは、とってもハードです！

現実と理想とのギャップに苦しむことも……

シングルマザーの環境は人それぞれ違います。例えば、パートナーと別れたときの状況にしても、死別した場合は、遺産や保険金の有無などによって、離婚した場合は、慰謝料や養育費などの取り決めはちゃんとできたかによって、その後の母子生活はさまざまです。**子どもを育てるうえでお金は絶対に必要になるので、一定の収入が得られる環境を整えること**はとても大切なことです。

離婚時に気をつけるべきことは、「第3章 離婚すると女は苦労する！」「第4章 見栄より現実！ 養育費は大事な収入源！」で詳しく説明しています！

また、これまでの人間関係も、その後の生活に大きく影響します。母子世帯になったときに、育児を手伝ってくれる人がいるかいないかは、大きな差になります。両親が祖父母を介護している状況などでは、小さい子どもの世話を頼むことはなかなか難しいでしょう。友達にお願いするから大丈夫と思われるかもしれませんが、**子どもは想像以上に手がかかるものです**。事故が起きることもあるので、気軽に面倒を見てくれる友達はとても少ないと思います。

シングルマザー増加の原因

シングルマザーの増加の裏側にあるのは、離婚です。

その原因には夫婦生活での軋《きし》みが挙げられます。これは日本では子どもを作るまでの夫婦は恋愛の延長線上にありますが、子どもが生まれると育児は産んだ女性（お母さん）の責任と考える社会の意識にあるように感じます。

まあ、シングルマザーになってしまったのは、その女性の男を見る目がなかったことや女性自身に問題があっ

シングルマザーになった理由（%）

	死別	生別（総数）	離婚	未婚の母	遺棄	行方不明	その他	不詳
昭和58年	36.1	63.9	49.1	5.3	---	---	9.5	---
平成10年	18.7	79.9	68.4	7.3	---	---	4.2	1.4
平成18年	9.7	89.6	79.7	6.7	0.1	0.7	2.3	0.7

出典：厚生労働省「平成18年度全国母子世帯等調査結果報告」

離婚の割合が年々増加していることがわかります！

たと考えることもできますが……。

しかし、シングルマザーが増え続けている今日、その原因が女性だけにあるとは言い切れません。男性や、また社会のしくみにも問題があるのではないでしょうか。

「母子世帯幸せ神話」はこんなところから生まれたのかも……
シングルマザーが主役となった作品がコレ！

『私の青空』（主演：田畑智子）NHKの朝の連続テレビ小説
『アンフェア』（主演：篠原涼子）フジテレビ系列ドラマ
『あした天気になぁれ』（主演：観月ありさ）日本テレビ系列ドラマ
『エリン・ブロンコビッチ』（主演：ジュリア・ロバーツ）洋画
『マンマ・ミーア』（主演：メリル・ストリープ）洋画
『恋するベーカリー』（主演：メリル・ストリープ）洋画
『世界でいちばん優しい音楽』（著：小沢真理）漫画　など多種多様

えりたま'sCOMMENT

シングルマザーをテーマにした作品を見ると、元気と勇気はもらえます。ギャルママ雑誌の中で、読者モデルをやっているシングルマザー（シンママ）がカリスマ的な存在として扱われ、テレビタレント、女優、歌手など芸能界の女性たちにもシングルマザーの姿が目立ち、そこには母子家庭のみじめさなどはまったく感じられません。しかし、彼女らの状況や収入は一般女性とはまったく違うことも知っておきましょう。

まとめ

どんなことがあってもシングルマザーにならないほうがいいのかというと、そういうわけではありません。パートナーのDV（ドメスティックバイオレンス）、借金、アルコールや薬物依存の状態、子どもに対しての虐待がある状況では、パートナーから離れることも大切だと思います。自分にとってもそうですが、子どもにとってどうすれば一番いいのか、これからの生活を考えて、冷静に判断しましょう。

また、自分ひとりで考えていても、なかなか客観的な判断を下せません。家族や友人に相談して、自分以外の意見も聞いてみましょう。話すことでいくらか気分もすっきりしますし、自分自身を見つめ直す機会にもなります。

第2章

シングルマザー……って特別じゃない……はず！

母子世帯は70万世帯！全世帯の1・5%！

もう…無理なのよ あの人浮気してるし 子どもが泣くとすぐ 私が悪いって暴力 ふるうし…私に話し かけてもくれないわ
ぎゅっ…
うん うん
でもシングルマザーは 本当に大変なのよ 今の生活は もうできなくなるわ
こんなにツライのに!?
それじゃあ 離婚しないほうが マシだってこと？
悩みぬいた結果の 離婚なら…実際 ひとり親多いしね
私もそうだったし…
できれば 離婚して 頑張りたいけど
一番の問題は やっぱり**お金**ね
お金の問題は 本当にシビア!!
なかでも母子世帯は 高確率で「**貧困**」に なってしまうのよ！
ビシッ

Q ひとり親の割合ってどれくらいなの？

A 母子・父子を合わせたひとり親世帯の割合は、全世帯の6・5％です。

母子世帯は1・6％

平成22年の厚生労働省の国民生活基礎調査では、世帯総数は4863万8000世帯。世帯構造別では「夫婦と未婚の子のみの世帯」が1492万2000世帯（全世帯の30・7％）。そのうち「単独世帯」が1238万6000世帯（同25・5％）、「夫婦のみの世帯」が1099万4000世帯（同22・6％）、「ひとり親と未婚の子のみの世帯」は318０万世帯（同6・5％）になっています。

世帯類型では、「母子世帯」は70万8000世帯（1・5％）、「父子世帯」は7万7000世帯（0・2％）になっています。

「世帯」とは、住居及び生計を共にする者の集まりや独立して住居

日本の世帯構造の内訳（％）

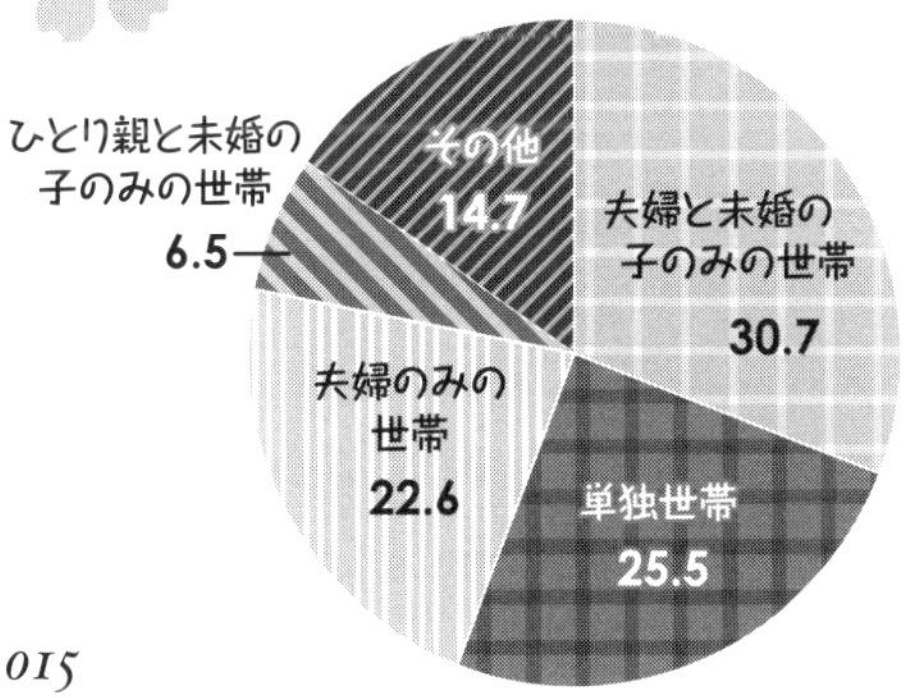
ひとり親と未婚の
子のみの世帯
6.5
その他
14.7
夫婦と未婚の
子のみの世帯
30.7
夫婦のみの
世帯
22.6
単独世帯
25.5

出典：厚生労働省「国民生活基礎調査」（平成22年）

を維持し、独立して生計を営む単身者のことです。また、「世帯類型」とは、いろいろな指標で世帯を分類したものです。

ちなみに、ひとり親とされる世帯とは、

- 父母のどちらかが死亡
- 父母のどちらかが行方不明（蒸発）
- 父母の離婚
- 父母のどちらかが法令の規定により拘禁《こうきん》されている
- 父母のどちらかが精神障害により措置《そち》入院させられている
- 父母のどちらかに重度の障害があるために他方が養育している
- 父母のどちらかによる虐待や遺棄《いき》などにより他方が養育している
- 婚姻によらない出生や捨て子
- 母が懐胎したときの事情が不明……など

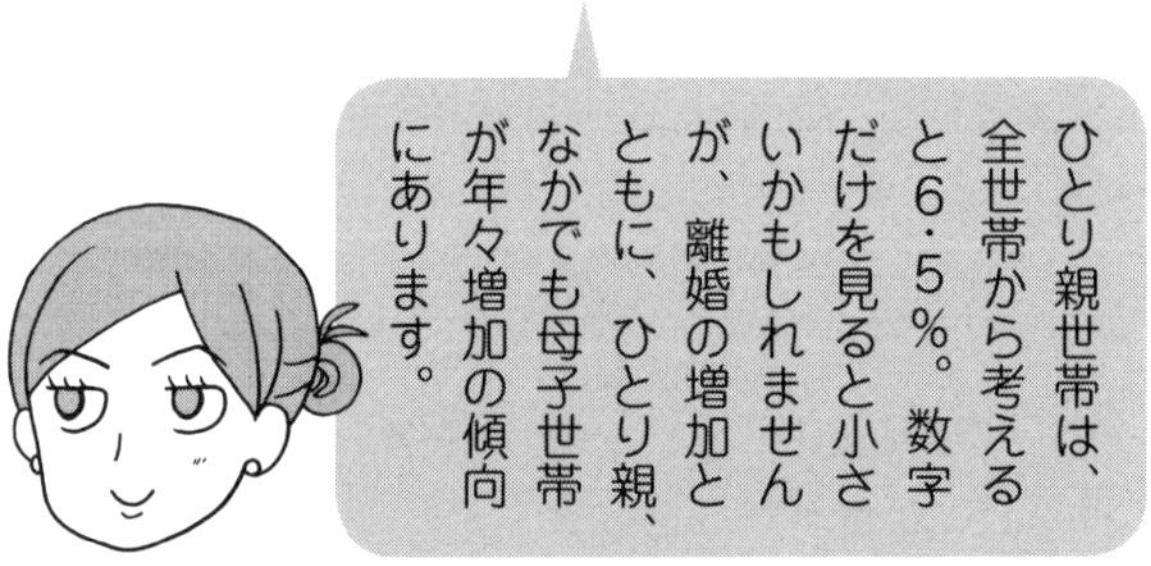
ひとり親世帯は、全世帯から考えると6・5%。数字だけを見ると小さいかもしれませんが、離婚の増加とともに、ひとり親、なかでも母子世帯が年々増加の傾向にあります。

シングルマザーの経済状況は？

厚生労働省「平成20年（2008年）国民生活基礎調査」では、母子世帯の1世帯あたり平均所得額は243万2000円（世帯人員ひとり当たりの平均所得金額は93万6000円）。全世帯の1世帯当たり平均所得金額が556万2000円（世帯人員ひとりあたり平均所得金額207万1000円）であるのに比べると、その所得金額が半分以下になっていることがわかります（※平成19年1月1日から12月31日までの1年間の所得）。そのため、「生活意識について」を見ても**母子世帯は59・8%が「大変苦しい」、26・5%が「やや苦しい」と回答し、合わせて86・3%が「苦しい」と感じています**。全世帯で「苦しい」と感じているのが57・2%という数字と比べると非常に高いと言えるでしょう。

理由としては、母子家庭では母親が子育てを行いながら、生活を成り立たせるため、働くことのできる時間や地域が限定され、雇用機会に恵まれ

ません。また、正社員として働くことができず非正規雇用を選ぶことになるからです。職業能力を身につけたいと思っていても、子どもの年齢によっては難しいかもしれません。私も職業訓練を受けたいと思ったのですが、つよぴょんに持病（喘息）があったため、諦めざるを得ませんでした。

ひとり親の貧困について

ひとり親と切っても切れない問題が貧困です。所得格差を表す指標として有名なものに、貧困率が挙げられます。貧困率とは、経済協力開発機構（ＯＥＣＤ）＊の「相対的貧困率」の考え方にもとづき、これまでの国民生活基礎調査のデータから算出したものです。日本の相対的貧困率は、２００７

世界のひとり親貧困率（%）

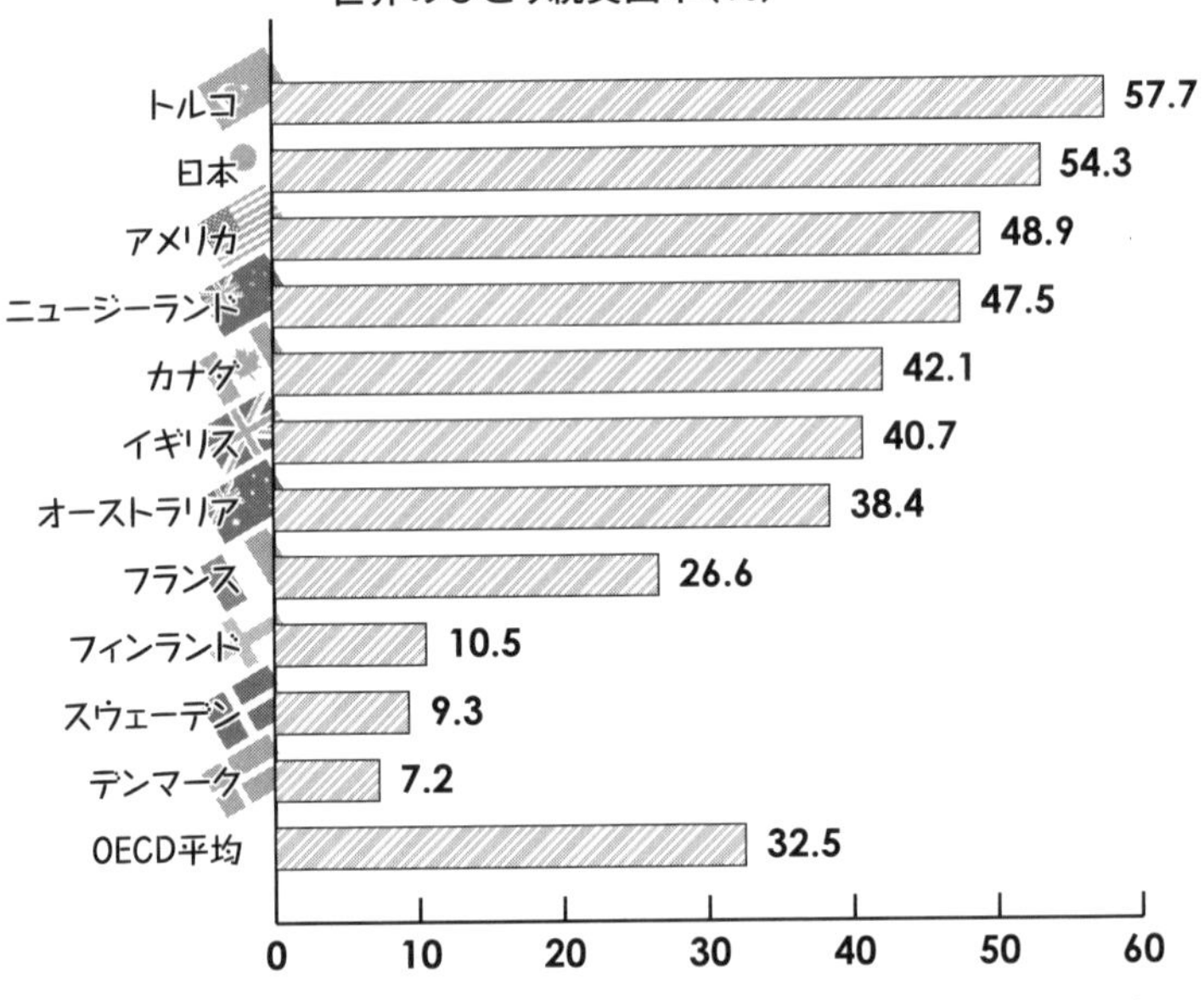

トルコ 57.7
日本 54.3
アメリカ 48.9
ニュージーランド 47.5
カナダ 42.1
イギリス 40.7
オーストラリア 38.4
フランス 26.6
フィンランド 10.5
スウェーデン 9.3
デンマーク 7.2
OECD平均 32.5
0
10
20
30
40
50
60

出典：OECD "Society at Glance"（2007 年）

＊ＯＥＣＤ…経済協力開発機構。加盟国の経済的発展、開発途上国への援助、貿易の拡大などを目的とする国際協力機関。２０１２年４月現在34カ国が加盟。

年の調査で15・7％、子どもの相対的貧困率は14・2％です。なかでもひとり親世帯の貧困率は54・3％。これは、ＯＥＣＤ加盟34カ国中、２番目の高さとなっています。

このひとり親世帯の貧困率は、１９９８年の63・1％、２００４年の58・7％と比較すると改善はしていますが、**ひとり親家庭の半数以上が厳しい生活状態に置かれている状況**には変わりありません。

父子世帯より、母子世帯が貧困になる

母子世帯は父子世帯に比べ、貧困率はさらに高くなります。厚生労働省の「平成18年度全国母子世帯等調査結果報告」によると、**母子世帯の母親の雇用形態はパートなどが43・6％**で、正社員などの常用雇用の割合42・5％より多く、これは父子世帯の父親の72・2％が**常用雇用で働いていることに比べるとかなり低い数字**と言えます。

母子世帯が父子世帯より貧困であることは、平成22年の国税庁の「民間給与実態統計調査」からもわかります。日本の平均年間給与は４１２万円で、男性５０７万円に対し、女性は２６９万円です。

貧困率が高くなればなるほど、子どもにも大きく影響します。実際に公立の小、中学校では塾に行くか行かないかで、成績にも大きな差が出て教育格差が発生しています。

また、1年間を通じ勤務した給与所得者の給与水準でも、700万円を超える所得は男性では18・1％に対して、女性では2・8％、反対に300万円以下の所得者は男性では23・4％、女性はおよそ3倍の66・2％。とにかく、日本では男女の給与や所得には大きな差があるのです。

この差は、男性の多くは正社員であるが、女性は短時間労働やパートタイムが多く、また既婚者の女性の場合、収入が一定範囲を超えないよう調整する必要があることも理由とされています。

日本には昔から「男が家庭を支え、女は家を守るべき」といった良妻賢母型の考えが根強くあるため、今でも妊娠したら仕事を辞めて、家庭に入ることが暗黙の了解になっている職場もあり、出産しても働き続ける条件は整っておらず、退職することになります。そのため、**離婚後の再就職を考えた場合、女性は子どもがいるために正規就労ではなく、臨時アルバイトやパート扱いにされてしまう**ことが多く、生活の安定に結びつかない状況が生まれています。

母子世帯の貧困、どんな問題があるの？

親が貧困だと、当たり前ですが子どもも同じ環境に引きずられていきます。

貧困が子どもの間に学力差を生むのです。実際に、日教組が行った教員アンケートの結果、83％の教員が「家庭の経済力が子どもの学力に影響していると感じている」とNHKで報道されました。

また、全国一斉学力テストの結果でも、就学援助制度を利用している生徒の正答率が低い傾向にあったことが報告されています。もちろん、所得の差以外にも親の学歴や職業も関係しますが、貧困が学力差、教育格差にもつながっていることは否めません。さらに、**貧困な環境は、各種の虐待問題も引き起こしています。**

平成17年

子どもへの虐待が起こる理由（%）（複数回答）

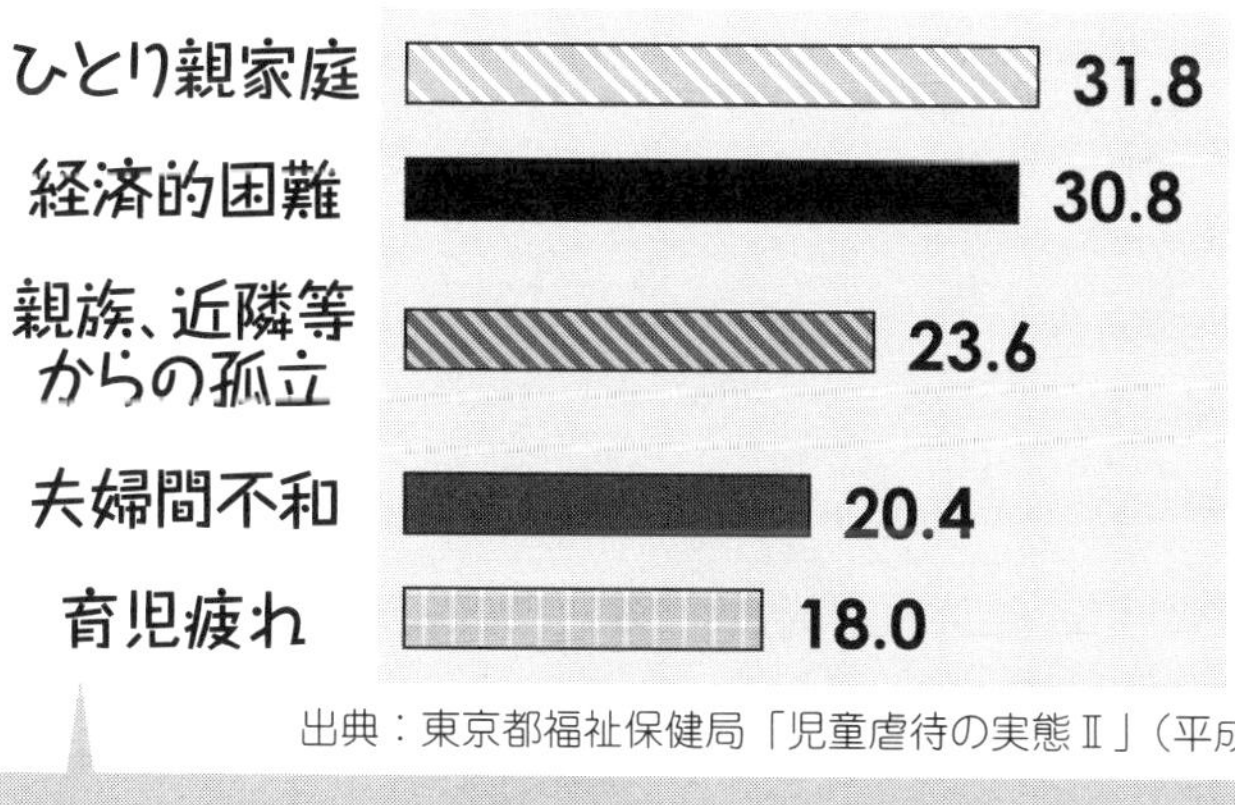
ひとり親家庭
31.8
経済的困難
30.8
親族、近隣等からの孤立
23.6
夫婦間不和
20.4
育児疲れ
18.0

出典：東京都福祉保健局「児童虐待の実態Ⅱ」（平成17年）

これを見ると、貧困と虐待は密接な関係があることがうかがえます。

母子世帯の貧困と日本国憲法

日本国憲法の第25条に「すべての国民は、健康で文化的な最低限度の生活を営む権利を有する」「国は、すべての生活部面について、社会福祉、社会保障及び公衆衛生の向上及び増進に努めなければならない」と記されてはいるものの、この権利を享受できていない所得の低い母子世帯が増えつつあります。

そのなかには、家賃の支払いが停滞するだけでなく、国民年金の支払いができなくなり、さらには国民健康保険の加入さえも厳しくなっている世帯も珍しくありません。

母子世帯の貧困は、さまざまな社会問題の引き金になっています。

教育格差をなくすための配慮から、政府は公立高校の授業料の無償化に踏み切ったものの、貧困母子世帯の子どもは塾に行けない場合も多く、都市部では、**公立高校の全日制を受験しても合格できない子どもが増えています**。日本国憲法の第26条には「すべての国民は、法律の定めるところにより、その能力に応じて、ひとしく教育を受ける権利を有する」とありま

すが、資本主義社会においては、「先立つもの」がないと実現されません。

多くの母子世帯は貧困と背中合わせで暮らし、なかには生活保護の受給に踏み切ろうと考えてる人もいます。しかし、相談窓口を訪れても、母親の年齢によっては、「子どもを預けて働きなさい」と指導されるケースがほとんどのようです。

まとめ

経済的問題は、離婚後の生活を考えるうえで大変重要です。一時の感情から離婚をしようと思っている人は、もう一度よく考えてみてください。離婚すれば一時的に気が楽になるかもしれませんが、そののちに体験する苦労は並たいていのものではありません。子どもが小さい場合はなおさらです。

シングルマザーの置かれている社会的状況を理解したうえで、現在の自分の状況と、その後の対策をよく考えてから、離婚するかどうかを決めてください。

第3章 離婚すると女は**苦労**する!

離婚を急ぐと慰謝料0円に!?
離婚時にきちんと決めておこう!

出産から8カ月目
!?
愛が冷めました
もう一緒には
暮らせません
もし話があるなら
オフィシャルな場で
さようなら
by 夫
いきなりの離婚宣言
弁護士事務所
あの…家裁での離婚調停の結果は…?
判決は「夫婦関係の修復・円満調停」で別居判決になりました
*別居じゃ公的支援受けらんないっ
調停で決まった生活費も払ってくれないし
ぎんこう
これはもう協議離婚しかない!!
なんとか離婚はできたけど…
うう…
慰謝料0円でどう生きていけと!?

＊「結婚生活を継続させるための冷却期間」という判断のため、実質の夫婦関係は続いている。えりたまの場合、その期間が終わらないと離婚できなかったのである。

Q 離婚をする際はいろいろな形態があるの？

A 離婚をするときは原因や理由をはっきりさせておく必要があります。とくに協議離婚以外の場合は、それによって離婚形態が変わります。

6つの形態方法はコレ！

離婚の方法は、①協議離婚 ②調停《ちょうてい》離婚 ③審判離婚 ④承諾《しょうだく》離婚 ⑤和解離婚 ⑥判決離婚の6つの種類があります。

①協議離婚……夫婦間の協議によって離婚を決めることができる。
②調停離婚……家庭裁判所の調停で離婚が成立すること。
③審判離婚……調停が成立しなくても、家庭裁判所の判断で審判することができる。
④承諾離婚……協議離婚、調停離婚が成立せず、審判離婚が成されな

いときに、判決によって離婚すること。

⑤和解離婚……双方の歩み寄りにより和解した場合に訴訟を終わらせ、裁判所の判決以外の方法（和解）で離婚が成立すること。

⑥判決離婚……①～⑤で決まらない場合、裁判よる判決により強制的に離婚に応じさせること。

なかでも、一番簡単な離婚形態が協議離婚です。これは原因に関係なく、夫婦で話し合い、お互いに納得し、離婚届を提出すれば離婚が成立します。

しかし、どちらかが離婚を望んでも、相手（他方）が金銭的な理由や仕事の事情などから離婚の承諾をしないときは、家庭裁判所に調停の申し立てをすることになります。さらに調停で話がまとまらず、離婚裁判になってしまったら、裁判官が「原告と被告を離婚にする」と判決を出さなければ離婚は成立しません。

日本の離婚の多くが協議離婚です。この**協議離婚は、基本的に双方の話し合いが原則**です。しかし各種の取り決めをしたいなら、弁護士などに仲介してもらうほうが有利（離婚後に貧困にならない）になることもありま

日本司法支援センター（愛称：法テラス）は、総合法律支援法にもとづいて設立された法務省所管の公的な法人です。内容に応じて、解決に役立つ法制度や地方公共団体、弁護士会、司法書士会、消費者団体などの相談窓口を法テラス・コールセンターや全国の法テラス地方事務所にて、無料で案内してもらえます。また、経済的に余裕のない方には、無料法律相談や、弁

す。場合によっては相談するといいでしょう。

法で認められている離婚の原因は5つだけ

「相手に不貞行為があった場合」

パートナーが配偶者以外の相手と、自由な意志にもとづいて浮気や不倫をしてしまった場合のことです。もちろん妻（女性）であっても同じです。

「相手から悪意で遺棄された場合」

婚姻（結婚）には、①同居の義務 ②扶助の義務 ③協力の義務があります。そのため、勝手に家出をしたり、生活費を入れずに扶養家族を放置したりしてしまうと離婚の原因になります。もちろん病気や失業など理由がある場合は別です。

「相手の生死が3年以上不明である場合」

パートナーが家出、失踪などして、親族に聞いても居場所が不明、生死も不明、生存確認ができない場合には離婚の理由になります。

「相手が重度の精神病にかかり、回復の見込みがない場合」

護士・司法書士費用などの立替えをしてもらうこともできます。

離婚を申し立てるときに、パートナーの治療が長期に渡っていることと、離婚後にパートナーを看護してくれる人や、治療費の問題などパートナーが困らない状況ができている場合には離婚が可能になります。

「婚姻の継続が困難な重大な事由がある場合」

暴力行為に虐待、ギャンブル、飲酒、理由のないセックスレスなどさまざまな理由が含まれます。

法では離婚が認められない理由

●性格の不一致

「結婚したけど、性格が合わないから離婚」「結婚したら、恋人時代ほど好きじゃなくなったから離婚」などは、きわめて主観的であいまいな理由のため「婚姻の継続が困難な重大な事由」としては認められません。

●有責配偶者から離婚請求

不倫相手と結婚がしたいからという、有責配偶者（＊非がある側）からの離婚の申し立ては認められません。しかし、最近は有責配偶者からの申し立てでも、別居が5年以上の長期に渡っている場合、離婚しても相手が困らないだけの財産的手当てがある、未成年の子どもがいないなど、条件がそろえば離婚が認められることもあるようです。

まとめ

日本では離婚の制度にも原因がありますが、とにかく離婚したい、早く別れたいといった気持ちから感情的になってしまうと金銭的な面で大きな損をするため、まずは冷静になってください。そして、慰謝料、財産分与、養育費についてよく話し合うことが大切だと思います。もちろん親権問題も忘れてはいけません。パートナーと面と向かって話し合うことができない場合は、弁護士など第三者の仲介を考えたほうがいいでしょう。

第4章

見栄より現実！養育費は大事な収入源！

養育費をもらっている母子世帯はたったの19％！

離婚したものの…
母さん！
慰謝料も養育費もなしなんて…私これからどうすればいいの!?
久々に連絡してきたと思ったらそんな話？
母
そんなって…ねえ母さんどうしよう!?
みんな反対したのにあんな男と結婚するからこうなったのよ！自分でちゃんと責任もちなさい!!
ガチャッ
…
あっ…
誰も助けてくれないんだ…
うっうっ
うっうっ
責任ある大人の行為そう自分で決めたこと…でも誰か助けて！

Q 離婚の際にどんなことを話し合うべきでしょうか？

A 慰謝料、財産分与、養育費はきちんと決めておきましょう！

離婚時の取り決めはしっかりと！

これらはそれぞれに意味があり、離婚の原因によって条件などが異なります。芸能人の離婚では慰謝料が何千万円と報道されることもあります。しかし基本的に夫婦の現在の資産から計算されますので、**誰もが離婚すれば数千万円を手にできるわけではありません。**

離婚時に決めておきたいお金その①

慰謝料……精神的苦痛の代償

慰謝料とは不法な行為（故意・過失）によって、損害（精神的な苦痛など）を受けた人が、損害を与えた人に対し苦痛の代償として損害賠償を請求して、支払われることです。そのため、離婚の場合には精神的苦痛を受けた人はその状況によって異なりますが、相手（配偶者）だけでなく、もし不倫が原因の場合はその相手方（愛人）にも慰謝料請求ができます。

協議離婚ではなく、調停に持ち込まれた場合に裁判所が慰謝料を決める基準は、

①慰謝料を求める側の精神的苦痛の度合い
②慰謝料を求める側の離婚後の生活における経済的な能力
③慰謝料を支払う側の社会的地位
④慰謝料を支払う側の支払い能力
⑤結婚期間の長さ
⑥未成年の子どもの有無

……など、今までのこと、現在のこと、将来のことなどを考慮して、公平性な観点から決められます。

慰謝料の請求には時効があり、離婚成立から3年間までです。相手と早く離婚したいからと、離婚協議書などに慰謝料の放棄を書いてしまうと、3年以内であっても請求することはできません。

相手（配偶者）にそれなりの資産や収入があるときは、慰謝料を求める側の精神的苦痛が通常より大きいと判断され、金額も大きくなるケースもあります。そのほか、相手（配偶者）が地位や名誉がある場合には、今後この件に関しては秘密扱いという条件をつけ、口止め料込みで数千万円単位になることもあるようです。

しかし、**日本では慰謝料はもらえない人が半数以上で、またもらうことができた人の金額の相場も200万円前後**だとされています。

離婚時に決めておきたいお金その②
財産分与……夫婦で築いた財産の清算

財産分与とは、夫婦が結婚生活のなかで築いた財産を、離婚に際して清算することです。夫婦の財産にはさまざまなものが該当し、預貯金やローンで買った家やマンション、車や家具、宝石類や保険などがその対象になります。また、結婚前から存在していた貯金や、結婚前から所有していた家具、親から相続した財産などはその対象にはなりません（もちろん財産

分与してもかまいません）。また、必ずしもプラスの財産ばかりではなく、婚姻期間中にふたりで建てた家の住宅ローンが残っている場合や、借金があるときにはマイナスの財産分与といって、その債務をふたりで分けて負担する必要も出てきます。また、財産分与に慰謝料が含まれているかどうかは話し合いではっきりさせることが必要です。

離婚時に決めておきたいお金その③
養育費……子どもを養育するための費用

養育費とは、子どもが親から自立するまで養育してもらうための費用です。実際には、子どもを引き取る親が、もう一方の親から子どもを育てていくための費用を分担してもらうという形式になります。本来、**養育費は、親であれば当然負担しなければいけないもの**なので、とくに取り決めがなくても**養育費を支払う義務**はあり、また**時効はありません**。**いつでも請求することが可能**です。養育費の支払期間は、一般的には子どもが20歳になるまでですが、事情により異なります。

専業主婦だった人が、十分な収入が得られる就職先を探すのは困難です。またパートで就職したとしても、社会的に立場の弱い女性がひとりで生活をしていくのは困難です。そのため、離婚後の生活を保障するという意味から扶養的財産分与といったケースもあります。

養育費についての調査

出典：厚生労働省「平成18年度全国母子世帯等調査結果報告」

養育費の主な相談相手（%）

平成18年

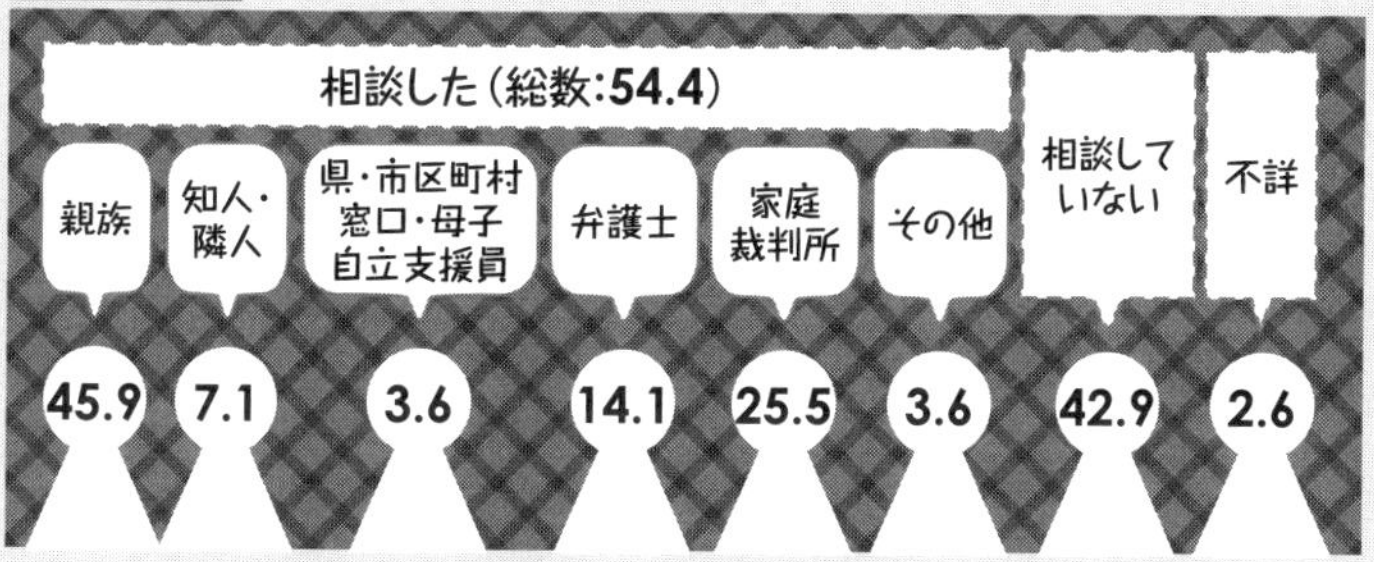
相談した（総数:54.4）
親族
45.9
知人・隣人
7.1
県・市区町村窓口・母子自立支援員
3.6
弁護士
14.1
家庭裁判所
25.5
その他
3.6
相談していない
42.9
不詳
2.6

＊合計100%ではありませんが、実際の資料をそのまま引用しています。

養育費の取り決め状況など（%）

平成18年

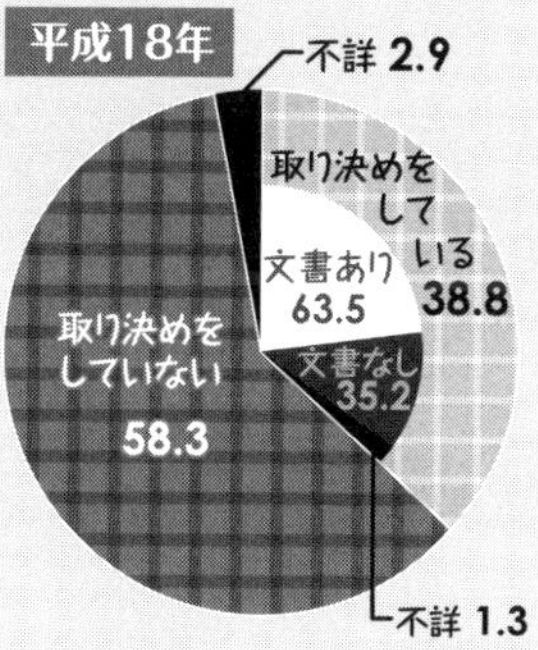
不詳 2.9
取り決めをしている
38.8
文書あり
63.5
文書なし
35.2
取り決めをしていない
58.3
不詳 1.3

養育費の取り決めをしていない理由

＊ 相手に支払う意思や能力がないと思った
＊ 相手と関わりたくない
＊ 取り決めの交渉をしたが、まとまらなかった
＊ 取り決めの交渉がわずらわしい
＊ 相手に養育費を請求できるとは思わなかった
＊ 現在交渉中、または今後交渉予定である
＊ 自分の収入で経済的に問題がない
＊ 子どもを引き取ったほうが、養育費を負担するものと思っていた
etc.

今からでも遅くはない！　養育費をもらいたいと思ったらまず相談

養育費相談支援センター（電話・電子メールによる相談を実施中）

●電話相談　0120－965－419
　　　　　　03－3980－4108
　　　　　（平日10時～20時、土曜・祝日は18時まで）
●メール相談　info@youikuhi.or.jp
●ＨＰ　http://www.youikuhi-soudan.jp/

日本で実際に養育費の支払いを受けている母子家庭は約19％。また、養育費を請求しても、相手が外国人であったり、住所が特定できなかったりする場合には難しいようです。

標準的な養育費の額の目安は、「生活保護基準方式」（厚生労働省が定める生活保護基準をもとにして算出）「実費方式」（これまでに実際に子どもの養育のためにかかった生活費、医療費、教育費、夫婦の収入、財産、将来の収入の見通しから算出）「東京・大阪養育費など研究会発表の算定方式」（独自の算定式にあてはめ標準的な養育費の額を算出）など、さまざまな算出方法がありますので、参考にするといいでしょう。もちろん、父母の話し合いがつかない場合には、最終的に家庭裁判所などが決めることになります。

まとめ

養育費は子どもの権利でもあり、離婚後の子どもの生活基盤を確保するのにとても大切なものです。離婚時にしっかり取り決めをして、成長する子どもに必要な費用をかけられるようにすることが大切です。

養育費の算定は、父母が話し合い、子どもの成長のためにどのくらい必要か、双方が納得した金額がふさわしいとされています。子どもは、望まずに片親と別れるため、その金額は、両親が離婚する前と同じ水準の生活ができる金額がベストです。

第5章 離婚と女親の孤独！

離婚した子どもの約3割が「離婚してほしくなかった」と思っている!!

子どもがいない場合 離婚は夫婦だけの問題
でも子どもがいる場合は 子どもにとっても大きな問題よね
親が離婚した子どもたち――
リコンやだよ～
なんでパパとママが別れちゃったの？
わからないよ～
理由が知りたいな
さまざまな思いを抱いて成長する
離婚して正解だった
仕方ないことだった
私が母さんを支えていこう……
離婚が子どもにとってプラスになるかマイナスになるか…
ハァ
それは
あの？ケースバイケース

Q 両親の離婚は、子どもにとってもマイナスになるの？

A 今よりマイナスになるか、プラスになるかは金銭的な問題や、精神的な問題を総合的に考える必要があるので、一概には言えません。また、子どもの年齢によっても大きく変わってきます。

親の離婚を経験する子どもが増え続けている

厚生労働省の平成21年（２００９年）人口動態統計によると、離婚総数は25万３３５３組。そのうち子どもがいる夫婦の離婚は、14万６４０８組。親が離婚した未成年の子どもの数は、24万９８６４人となり、昭和45年（１９７０年）の８万９６８７人の約2・7倍になっています。離婚で夫婦関係を清算することができても、親子の関係は変わりません。そのため、未成年で親の離婚を経験した子どもに比べ、様々なハンディを背負うことになります。それでは離婚した母と子の意識調査を紹介します。

親の離婚に遭遇した子どもの数は、平成18年の調査では25万人を超えています。

離婚時の母と子の意識調査

母親サイド

1 離婚について子どもに説明をしたorしていない

説明した理由

① 子どもに憶測で不安を感じさせないように、事実にもとづいた説明をする必要があると思った。

② 子どもも巻き込まれるので、聞く権利があると思った。ちゃんと話すとわかると思った。

説明をしなかった理由

① 子どもが小さいので話してもよくわからないと思った。

② 親権で争ったので子どもは承知していた。

③ 離婚理由を説明するのが難しく、できなかった。

子どもサイド

1 親からの離婚の説明についての意見

① 離婚の理由はどうでもいい。親が子どもに対してどう責任をとってくれるのか伝えてほしい。（離婚時6歳、現在48歳）

② 家族だからわかるはず、という思い込みは捨てて、親がどんなことを考えていてどうしたいのか、子どもが何を考えているのか話し合ってほしい。（離婚時11歳、現在23歳）

③ 子どもの生活に影響を及ぼさないように離婚する時期を考え、その事情をわかりやすく説明してほしい。（離婚時15歳、現在17歳）

④ 4歳の子にも離婚の理由を説明してくれた。子どもだからという理由で説明がなかったことはない。悩まずにすんでいる。（離婚時4歳、現在21歳）

＊調査方法は、56人が面接調査、19人がアンケートへの回答、122人がホームページのフォームへの書き込みによる調査です。回答したのは、親が101人、子どもが96人。親の年齢は30～40代がほとんどです。

2 どういうふうに説明した？

（ ）は離婚時の子どもの年齢

① ママとパパは喧嘩したんだけど、お互いに「ごめんね」ができなくなっちゃった。（3歳）

② お父さんとお母さんは仲直りできないので、別々に暮らすことになった。でも、君のお父さんお母さんであることはずっと変わらないし、お父さんもお母さんも君のことが大好きだよ。（7歳）

③ 事実を淡々と話し、父親のすべてが悪いのではなく、暴力を止められないことが一緒に暮らせない理由だと話した。（8歳、11歳）

3 説明に対する子どもの反応

① 何も言わなかった。母への遠慮か、言ってはいけないと思ったのか、態度にも言葉にも出さなかった。（8歳・女、11歳・男）

2 どちらの親と暮らすのがいいかと聞かれて

① どちらの親と暮らしたいかという質問はとてもデリケートな問題なので、そういう問いを突きつけること自体が、子どもを傷つけることになる。（離婚時8歳、現在30歳）

② 嫌だったことは、自分に選択権が与えられ、両親のどちらと住むかと選ばされたこと。当時の自分には負えないような責任を負わされた。（離婚時16歳、現在23歳）

3 離婚についてどう考えるか

離婚に対する考え	離婚時（%）		現在（%）
離婚してよかった	20	↓	31
離婚は仕方がなかった	25	↓	35
離婚してほしくなかった	31	↓	17
わからない・その他	18	↓	10
無回答	6	↓	6

＊合計100%ではありませんが、実際の資料をそのまま引用しています。

②大粒の涙を流して「嫌だ」と言って泣いた。（8歳・女、9歳・女）

③パパもママも好きだからどちらも選べない、一緒に暮らせないの？　と泣いた。（6歳・男）

4 親から見た、子どもにもたらす離婚が影響

プラスになったこと

①精神的に安定した。

②不安な表情が消えた。

③自立心が芽生え強くなった。

④母子関係が落ち着いた。

⑤なし。

マイナスになったこと

①両親が傍らにいられない。

②経済的に苦しい。

③世間の目が冷たい。

④自分が発揮できない・自尊心が低い。

4 子どもから見た、子どもにもたらす離婚が影響

プラスになったこと

①家庭が明るくなった。

②母が殴られたりするのを見なくてすみ、安心して家に帰ることができるようになった。

③頑張った、強くなった。

④人の痛みや優しさを感じ取り、わかるようになった。

マイナスになったこと

①自分の人生を狂わされたし、体も不自由になった。

②嫌だったことは、新しい先生が担任になるたびに、まずは母子家庭だという目で見られたこと。母子家庭であることを明かすと、人間関係に問題が生ずると思い、普通の家庭のようによそおった。

離婚した親と子どもの声を聴く（社）家庭問題情報センター「養育環境の変化と子どもの成長に関する調査研究」（平成17年）の報告書より

親の離婚が子どもに及ぼす影響は？

- ●若年犯罪者の半数は、両親が別離した家庭の出身者。
- ●ひとり親の子どもが家出する可能性は高くなる。
- ●両親が別離した家庭で育った子どもの、非行による妊娠の危険性が高くなる。
- ●16歳以下で両親の離婚を経験すると何かの資格を得られない可能性2倍。
- ●16歳までに両親の離婚を経験した男性は、そうでない男性と比べ33歳の時点での失業の可能性が2倍。
- ●両親の衝突が激化すると、子どもの情緒および行動に問題が生じ、また、両親が争っていると子どもの発達および適応に悪影響を及ぼす。

（イギリス憲法局、イギリス教育技能局、イギリス通産局発表）

子どもの問題行動の多くは、貧困が原因になる場合と、両親の離婚による心の傷が原因である場合と、このふたつが複合的に関係していると言われています。

子どものための離婚時の取り決め

離婚時に未成年の子どもがいる場合、決めなくてはいけない問題が大きく分けて4つあります。それは、子どもを養育するための「養育費」（30ページ）、子どもを監護・養育し、その財産を管理する「親権者」、また、離れて暮らす親（非監護親）が子どもに会う「面接交渉権」、さらに「子どもの戸籍と姓」です。

「親権者」とは？

婚姻中に子どもが生まれると成人するまでは、両親は共同で親権を持つことができます。しかし、離婚後は日本では共同親権が認められていないため、単独親権となり未成年の子どもがいる離婚では、親権者を決めてから離婚することになります。

親権のなかには、子どもの監督保護と養育を行う「身上監護権《しんじょうかんご》」と、子どもの財産を管理し、財産に関する法律行為を子どもに代わって行う「財産管理権」があります。

この親権は原則では夫婦間の話し合いによって決めますが、合意できないときには家庭裁判所に持ち込むことになります。

家庭裁判所での親権の決め方の基準は？

現状の尊重の原則

子どもの現状を尊重し、日常的に子どもを監護養育している者が優先。

母親優先の原則

とくに乳幼児に関しては、母親の愛情と監護が重要だとされ優先。

子どもの意思尊重の原則

満15歳以上の子どもの場合には、その陳述を聞かなくてはならないので当然意思を尊重することになるが、15歳未満であっても物心がついていれば子どもの意思が尊重される。

兄弟姉妹不分離の原則

同一親からの兄弟姉妹は一緒にすべきといった考え方。

離婚に際しての有責性

不貞行為であっても、そのことが親権者として不的確性判断にはならないと考えられている。

そのほかの諸事情

物質面や経済面より、精神面や情緒面が重視される。

協議離婚の場合は父母の話し合いで、裁判離婚の場合は裁判所が父母のどちらかを親権者に定めることになります。

「面接交渉権」とは？

面接交渉権は、**離れて暮らす親（非監護親）が、子どもと面会したり、一時的に過ごしたりする権利**です。日本では、民法などの条文に定められた権利ではありませんが、親としては当然に有する権利であると同時に、子どもが別れた親に会える権利としても認められています。そのため、監護者は一方的には拒否することができません。

また、正当な理由なく面接を拒否した場合には、親権者、監護者が変更になることがあります。そのため、離婚条件として具体的な内容まで話し合いをすることが大切です。もし、夫婦の話し合いで決まらない場合には、家庭裁判所に面接交渉権の調停を申し立てるといいでしょう。

親権者…未成年者に対して親権を行うもの。未成年後見人、保護者でもある。
監護者…子どもを引き取り生活を共にし、身の回りの世話をする人のこと。親権者と同じとはかぎらない。

面接交渉権は、こんなことを決めておきたい！

- 面接の頻度（月に○回、または年に○回）。
- 1回の面接時間（何時間、何日、宿泊の有無）。
- 面接時の連絡方法。

●面接の場所。
●電話やメール、プレゼントのやりとり。
●学校行事などの参加。
●子どもの意思はどうするか。
●祖父母、親族との面接……など。

面接交渉ができないのはこんなとき！

面接交渉権は次の理由の場合には認められません。

●親権喪失事由（著しい不行跡）があるときは、親権者として失格とみなされ、面接交渉権も制限される。
●支払能力があるのに、養育費を負担しない親の場合。
●子ども、親権者、監護者に暴力行為があるときや、そのほかの悪影響を及ぼすおそれがあるような場合。
●子どもが面接交渉を望まない場合。

面接交渉権は、離婚後にトラブルになることも多いので、面接の日時、場所、方法などを具体的に決めることが大切です。そして、トラブル防止のため、取り決めた事項は必ず離婚協議書に記載しましょう。

そのほか、思春期の精神的に不安定な子どもなど、別れて暮らす親と会うことによって、その精神状態が動揺することが考えられるケースや、子どもを引き取って育てている親が再婚し、子どもとともに円満に暮らしている場合などケースバイケースとなります。

まとめ

面接交渉権は、親だけの権利ではなく、子どもの福祉、利益でもあり、子どもの意向も尊重しなければなりません。もしあなたが親権者（あるいは監護者）なら、子どもを離婚した父親に会わせたくない！　と思うかもしれませんが、そこはぐっとこらえて子どものためだと思って、きちんと面接の内容を決めておきましょう。子どもは親に遠慮して、言いたいことを我慢してしまうことも多いので、きちんと子どもの意見に耳を傾けてみるのも親権者（あるいは監護者）の大切な役目です。

コラム

離婚後の子どもの戸籍と姓

子どもの戸籍と姓は、離婚前と同じです。父が戸籍の筆頭者であった場合は、母が親権者となっても子どもの戸籍と姓は父親と同じになります。そのため、旧姓に戻った母親と同居をしていて、姓が母と異なる場合には、子どもの戸籍と姓を変更することができます。

変更の方法は、母が結婚前の籍に戻った場合は、自分（母）が戸籍の筆頭者になる新しい戸籍を作り、子どもが住んでいる住所を管轄する家庭裁判所に行き、子の姓の変更許可の申立書を提出します。これが認められれば、許可審判書が交付されるので、それを添えて市区町村役場に入籍届けを提出することで母と同じ姓に変えることができます。

また、子どもが15歳以上の場合は、本人の意思で戸籍と姓の変更の許可を申し立てることもできます。同居した親の戸籍と姓に変更したあとでも、子どもが成人し、旧姓に戻ることを希望したときには、本人の意思で戸籍と姓を選択することが可能です。ただし、この届け出は、20歳から21歳になるまでの1年以内に市区町村役場で行わなければなりません。

15歳未満の場合は親権者でなければ手続きすることができません。そのため、監護者の母と子が同居をしていても、親権者の父が手続きに応じなければ、子どもの戸籍と姓を変更することはできません。

第6章

シングルマザーのおさいふ事情!?

生活保護を受けていない母子世帯の8割が、生活保護レベル以下の生活をしている

離婚すると児童扶養手当を受けられます
ちょっと待ったー!!
といっても月に4万なんです!!
これだけで生活できるワケないい!!
ライター
うおおおおおお
仕事よ仕事仕事仕事ー!!
カカカカカカッ
今月は頑張ったわ〜
これで少しは生活も楽になったんじゃ…
通帳
あれっ手当が少なくなってる!?
WHY!?
?!!
通帳

Q

離婚してもすぐには働けないのですが、そういうときはどうすればいいでしょうか?

A

生活保護や児童扶養手当などの利用を考えてみてください。

「働くシングルマザー」と「働かないシングルマザー」どっちがいいの?

「働くシングルマザー」と生活保護など社会福祉サービスを利用した「働かないシングルマザー」の貧困率を見ると、ＯＥＣＤ(経済協力開発機構)２０００年調査の平均では「働くシングルマザー」は20・6%に対し、「働かないシングルマザー」は58・0%と大きく差があります。これは、**多くの先進国では「働くシングルマザー」に対する福祉や手当が充実している**ことを表しています。

日本ではシングルマザーの就労率が８割以上と高いにもかかわらず、その貧困率は「働くシングルマザー」は57・9％、「働いていないシングルマザー」が52・1％と他の先進国とは逆の現象が起きています。その後、２００５年の調査ではほぼ同じ数字に戻りましたが、それでも外国に比べると「働くシングルマザー」の貧困率が高いことに変わりはありません。

母子世帯は生活保護を受けるほうがいいの？

厚生労働省が発表した、生活保護を受けている母子世帯と一般の母子世帯を比較する生活実態調査では、**生活保護を受けていない母子世帯の80％が、生活保護レベル以下の生活をしていることがわかりました。**

しかし、生活保護を受けたいと望み、地域の民生委員や福祉事務所（生活福祉課）で相談しても、制度の性質上「働ける人には働いてもらう」「資産価値（土地、家屋、預貯金、貴金属、自動車など価値のあるもの）があるものは処分」「援助できる身内（親、兄弟姉妹、子どもなど）がいれば援助を求める」「利用できる制度（年金や児童扶養手当など）があれば利用する」など、まずこれらの条件をクリアしなければならないため、申請に踏み切れないということがあるようです。

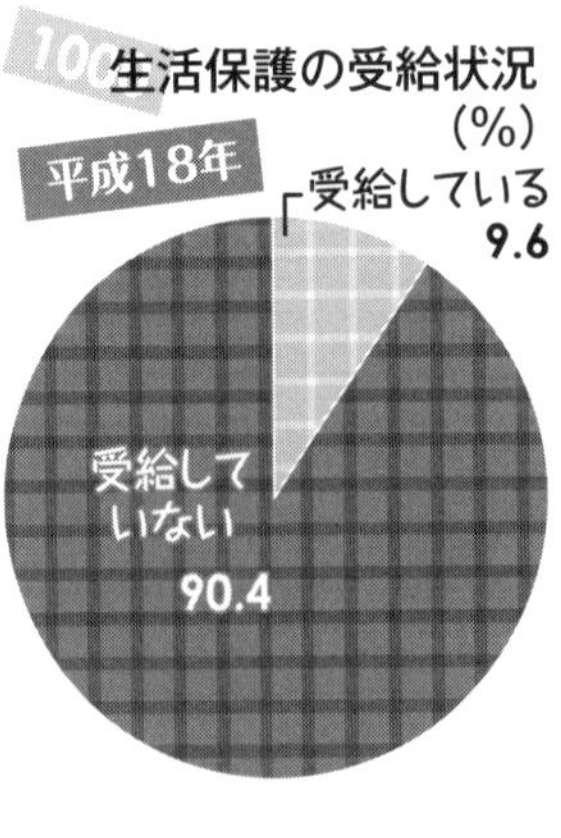
100
生活保護の受給状況
（%）
平成18年
受給している
9.6
受給していない
90.4

出典：厚生労働省「平成 18 年度全国母子世帯等調査結果報告」

生活保護とは？

生活保護を受けると、最低生活費が保障されます。基本的には生活扶助、住宅扶助、教育扶助、医療扶助、介護扶助の合計と、臨時的に適用される出産扶助、生業扶助、葬祭扶助です。

1. 生活扶助＝衣食など暮らしの費用
2. 住宅扶助＝家賃など住まいの費用（ローンを除く）
3. 教育扶助＝小・中学校の費用
4, 医療扶助＝病院や医院に必要な費用（部屋代は除く）
5. 出産扶助＝お産の費用
6. 生業扶助＝スキルアップや就活の費用
7. 葬祭扶助＝火葬や埋葬など葬祭の費用
8. 介護扶助＝介護保険料と自己負担費用

生活保護を受けるために、持ち家やマンションを処分しなければならない……と考えると、やはりムリしてでも働くことを選びますし、仕事を優先するために子どもを施設に入れるという提案もありますが、小さな子どもと離れて暮らすことはなかなか難しいですよね。

母子世帯になると受けることができる公的支援と手当

離婚をしたあと、子育てと生計をひとりで担っていくことは大変です。そのために、生活費をはじめ、家事や育児などのサポートを受けることもできます。制度によっては、所得制限がある場合もありますので、経済力、環境などを把握して各種の制度を有効に利用することも大切です。ここでは一般的な優遇制度を紹介しますが、都道府県・市区町村によって公的支援はさまざまです。生活基盤にする場所の市区町村役場の福祉課などに問い合わせてみましょう。

児童扶養手当は、ひとりで家計を支え、子育てをする親の負担を少しでも軽減するために１９６１年に創設されたものです。今までは、母子世帯のみが対象でしたが、平成22年８月からは、父子家庭にも支給されることになりました。

手当を受けることができる条件

●対象年齢

・18歳に到達して最初の年度末（3月31日）まで

●該当する児童

・両親が離婚してひとり親家庭である（母子家庭、父子家庭）
・父、または母が死亡
・父、または母が一定程度の障害の状態
・父、または母の生死が不明
・父、または母に遺棄されている
・父、または母が一年以上拘禁されている
・母が未婚のまま子どもを産んだとき
・孤児など

上記のいずれかの要件に該当し、養育者（父母以外でも養育者であれば対象）の所得が一定水準以下の場合に支給される。

手当は基本となる金額と所得に応じて決められます。基本額は児童がひとりの場合は月額4万1720円で児童がふたり以上だと、3000〜5000円上乗せされます。

支給対象外

・日本国内に住所がない
・父や母の死亡に伴う年金・労災などを受給中
・父、もしくは母の年金の加算対象になっている
・里親に委託された場合や施設入居時
・父、または母が再婚し、その連れ子として養育されている場合など

また、法律上の届出をせずに、実態として婚姻同様の生活を行なっている、いわゆる事実婚も対象外となります。もちろん、離婚後に元夫や妻と同居することになった場合も対象外です。

各手当の併合

●特別児童扶養手当との併給
児童に障害がある場合は、特別児童扶養手当と児童扶養手当と両方受給できます。さらに児童扶養手当は20歳に到達するまでに延長することができます。

児童扶養手当は子ども手当（児童手当）との併給も可能です。

まとめ

生活保護を受けるか働くべきかは、置かれている生活の状況によっても変わってきますが、今すぐに働けない状態なら、当面受けることを考えたほうがいいでしょう。しかし、将来的に考えると、やはり仕事を見つけ、働くことをおすすめします。その場合、収入によって支援が受けられる境目があることも知っておきましょう。

番外編 まだまだある！ 公的な手当について

子ども手当

《支給対象》

日本国内に住所があり、中学校修了前（15歳到達後最初の3月31日）までの子どもを養育しているすべての人が支給対象。所得制限はありません。

《手当額（子どもひとり／月額）》

3歳未満　一律　1万5000円

3歳以上小学校修了まで　1万円（3人目からは1万5000円）

中学生　一律　1万円

《支給方法》

銀行振込などで支給される。公務員の場合は、勤務先に申請して支給されます。

子ども手当と現状

平成22年4月から「子ども手当」が施行され、それに伴って上記の児童手当は廃止になりました。しかし、子ども手当は平成24年3月で廃止されることになり、その後はこの児童手当を改正した児童手当法に移行されるようです。

そのほかの手当

児童育成手当

東京都の制度で手当額（平成24年度）は児童ひとりにつき1万3500円。受給資格は18歳未満の子どもを扶養し、父母、または父母のうちいずれかが重度の障害をもっていたり、離婚、死別、行方不明など扶養者になんらかの経済的援助が必要な家庭に支給される手当です。児童扶養手当同様に、児童が児童福祉施設に入所した場合や、児童が父母と生計を同じくしたときなどには支払われなくなります。さらに、保護者の前年の所得が別に定める限度額以上の場合は支給されません。

遺児福祉手当

愛媛県、広島市、川崎市などの制度です。受給資格は父母、またはいずれか一方を失った18歳以下の児童を養育している母子・父子世帯です。

都道府県・市区町村によって異なる手当があります。住民登録をしている市区町村の窓口に問い合わせてみるといいでしょう。

そのほかの制度

ひとり親家庭の医療費助成制度

受給資格は18歳未満（一定の障害がある場合は20歳未満）の子どもを扶養しており、医療保険に加入している母子・父子世帯です。一定の所得限度額に満たないひとり親家庭に対し、医療費の一部を補助することにより、生活の安定に寄与することなどを目的とした制度です。

母子寡婦《かふ》福祉資金貸付

母子世帯および寡婦の方の生活の安定と児童の健全な育成をはかるために、必要な資金の貸付をしています。所得制限はありますが、貸付金の種類は、事業開始資金、就職支度金、技能習得資金、医療介護資金、住宅資金、修学資金、就学支度資金など生活資金や転宅資金として利用できます。また、子どもを対象にした修学資金や就職支度資金などがあります。

ＪＲ通勤定期の特別割引

児童扶養手当を受けている世帯の場合、ＪＲを利用して通勤する場合には、区保健福祉部で発行する購入証明書を提示することで、定期券を３割引で購入できます。

所得税・市府民税の軽減

母子世帯の母、または寡婦《かふ》の方は、申告により所得税、住民税の軽減措置が受けられます。年間の所得が一定額以下の場合は、扶養《ふよう》親族がなくても死別の母子世帯・寡婦に寡婦控除が適用されます（一部自治体では父子世帯でも適用されます）。

水道料金・下水道使用料の減免

児童扶養手当・生活保護を受けている世帯は申し込みにより水道料金・

例 東京都の場合　ひとり親がもらえるお金／子どもが３歳未満の場合（全部支給の場合）

子ども手当[国]	1万5000円
児童扶養手当[国]	4万1550円
児童育成手当[都]	1万3500円
合計	7万　　50円

下水道使用料を減免されます。

ひとり親家庭生活支援事業（ひとり親家庭等日常生活支援事業）

ひとり親家庭で、保護者が病気やケガで日常生活に支障が生じている場合、家庭生活支援員を派遣し、子どもの保育をはじめとした食事・掃除・買い物など日常生活の支援を行う制度です。

母子生活支援施設

18歳未満の子どもを養育している母子世帯の母が、子どもの養育が十分にできないときに、母子共に保護し、支援を受けることができる施設です。目標を持って自立できるまでの間、専門職員が生活・就労・子育ての養育相談のサポートをしながら、総合的な問題解決や助言を行ってもらうこともできます。

そのほかにも、東京都の場合には都営地下鉄の定期券の発行などの支援や、区によっては駐輪場の利用料金が助成されます。

第7章

住居探しから始まる苦難の道のり！

公営住宅・賃貸・マンション……シングルマザーはどこに住む!?

Q 離婚後に住むところをまったく考えないままに、離婚してしまうことはよくないでしょうか？

A はい。貧困シングルマザーに陥ってしまう大きな原因だと思います。離婚という言葉が頭をかすめたらまずは住まいのこと、そして仕事のことを考えてみましょう。

なにはともあれまず住居探しから

離婚後、現在の住まいから出なくてはならない場合にはアパートなどを探す必要があります。自治体などが運営する母子生活支援施設（通称『母子寮』）があり、入居には収入がない、DV被害者であるなど条件が必要ですが、母子生活支援施設には、在所期間が設けられているため（大体2～3年）、自立できるようになったら、公営住宅に優遇されて入れるシステムになっています。

もちろん、県営、市営、都営などの公営住宅の公募では母子世帯の抽選倍率は緩和されてはいますが、優遇されても都市部では、交通の便がよく通勤に便利な住宅は空室の数が少なく、なかなか当たらないというのが現実です。

まとめ

離婚することによっていきなり住居がなくなったら、母子寮に入り、そこから公営住宅を探すのが一番金銭的には少なくてすみます。公営住宅は当選の確率はとても低いのですが、その分家賃は賃貸に比べても相当安くなっているので、できるだけ公営住宅に住むことをおすすめします。住む場所にこだわらない場合は、エリアを広げて考えてみると、すんなり入れることもあります。

ここでは公営住宅と賃貸、マンションなどの購入についての長所と短所を載せています。これをもとに、購入を考えてみるのもよいでしょう。タイミングや物件にもよりますが、将来のことを考えると、マンションなどを「思いきって購入」するのもひとつの手段だと思います。

比較で考える公営・賃貸・購入

公営住宅（都営住宅の場合）

いいのはココ

・運営が自治体なので安心
・家賃が低額
・更新料がない

デメリットはココ

・当選が難しい
・応募が年に4回
・希望の区で探せない
・当選がいつになるか不明
・老朽化していたり、お風呂の浴槽がない場合もある

賃貸

いいのはココ

・維持費が必要ない
・自由に引越し、住み替えが可能
・固定資産税の負担がない

デメリットはココ

・家賃は払い捨て
・契約時に保証人が必要
・契約時に敷金、礼金などが必要
・更新料が必要
・子どもへの住まいの相続が不可
・老後の住まいの確保にならない
・リフォームが自由にできない
・大家さんへの気配りも必要

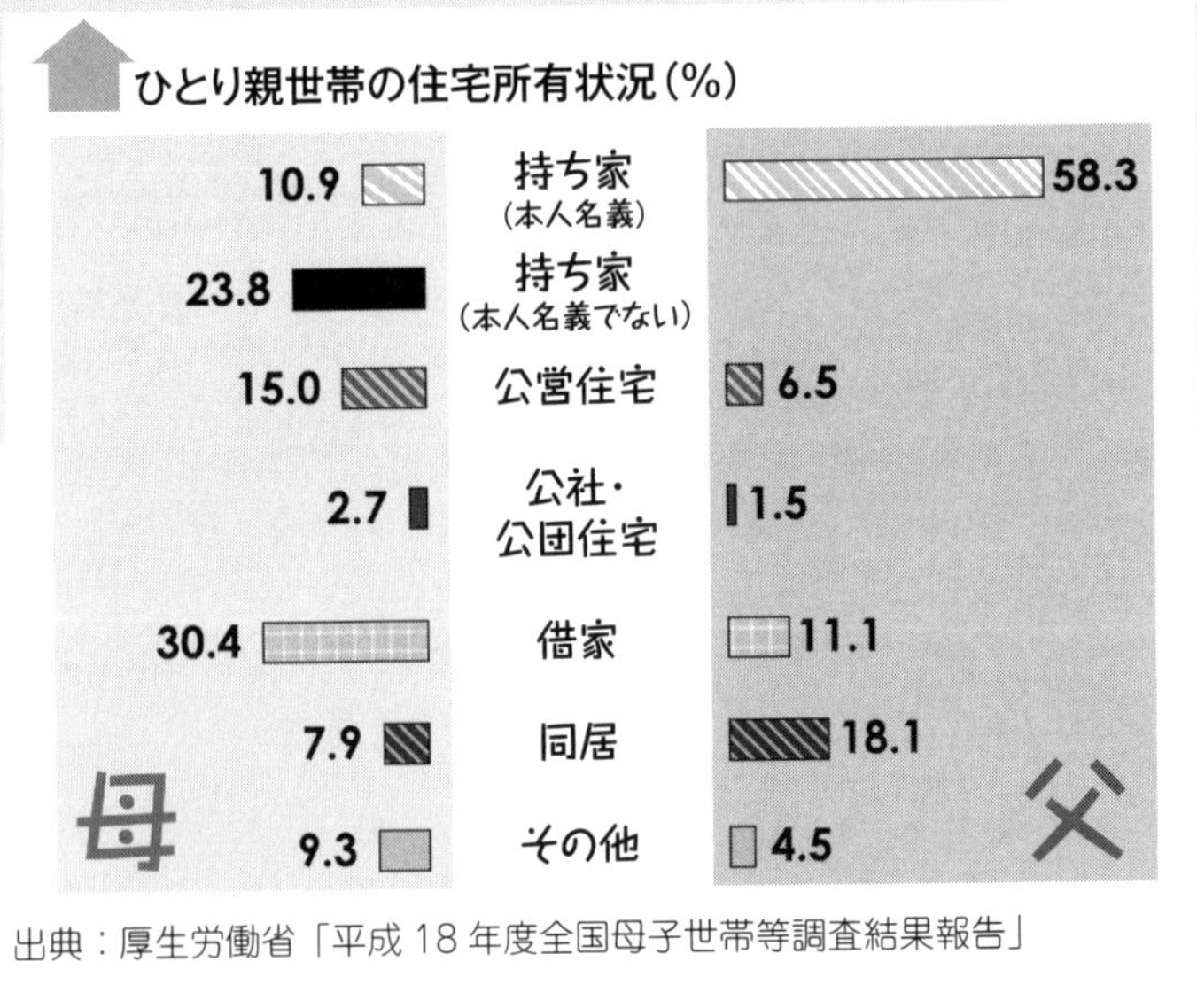

ひとり親世帯の住宅所有状況（%）
持ち家（本人名義）
10.9
58.3
持ち家（本人名義でない）
23.8
公営住宅
15.0
6.5
公社・公団住宅
2.7
1.5
借家
30.4
11.1
同居
7.9
18.1
その他
9.3
4.5
母
父

出典：厚生労働省「平成 18 年度全国母子世帯等調査結果報告」

マンションなどの購入

メリットはココ

・資産としての価値あり
・現金の場合より子どもに有利に相続可能
・自分の好みのリフォームが、好きなタイミングで可能
・大家さんへの配慮が必要ない
・保険に入っておけば万が一のとき、住宅ローンの返済がなくなる
・賃貸の場合と違い更新料の必要がない

デメリットはココ

・対人トラブルがあっても逃げることができない
・維持費が必要（固定資産税・管理費・修繕積立金など）
・住宅ローンの金利が高くなると支払い額が上がる（ローンの組み方によっては固定金利もあり）
・地価が下落した際に資産価値が下がる

第8章

仕事と育児をひとりでこなす!?

シングルマザーの仕事探し! 雇用形態はパートが4割超える!

離婚したくて 何も考えずに 離婚したけど
私ひとりじゃ 先立つものが 何もない!
住居探し
やっぱり 公営住宅が 一番よね…
うわっ 何この 倍率!?
アパート
保育園探し
こっちも すごい倍率!
あーもうっっ
全然抽選 当たんない〜!!
残念
スミマセン
ハズレ
抽選
ダメ
仕事探し
これ 書いたら 1万…
こっちの 仕事すれば 3万円…
カタカタカタカタ
ハァ… ライターで 良かった〜
会社勤めだったら ひとりで育児は無理だわ

Q シングルマザーになったらどんな職に就けばいいですか?

A **なんでもいいからと急いで就くより、今後のことをじっくり考えて自分に合った仕事を選びましょう。**

シングルマザーの仕事探し

シングルマザーになって、実家に戻り親の支援を受けることができれば別ですが、大抵の場合、仕事も子育ても全部ひとりでやることになります。

慰謝料や財産分与の金額が思いどおりでなかったり、養育費の支払いがなかったりする場合は、待ったなしですぐに働かなくてはならない現実に追い込まれてしまいます。大抵の女性は出産や結婚を機に、仕事から離れていることが多く、また新たに職を探さなくてはいけない現実に直面します。しかし、**闇雲に仕事を漁るのではなく、今後の自分の人生の目的をどう実現できるかの青写真を描いて、仕事探しをすることをおすすめします。**

もちろん、職場を探す場合には子どもの年齢も考慮し探すことも大切です。

シングルマザーへの仕事斡旋

●ひとり親家庭自立促進事業

ひとり親家庭とその関係者に対し自立促進指導員が仕事に就くための相談、指導、援助を行っている。

相談窓口『ひとり親「Tokyo」』

東京都母子寡婦福祉協議会　HP：http://www.tobokyou.net/

●ハローワーク、ワークプラザ

シングルマザーにかぎらず求職者に対し、就職情報を提供し、仕事の紹介を行っている。新たに就職したい、転職したい、どういう職に就けばいいか迷っているときに相談できる。

相談窓口　ハローワーク、ワークプラザ

HP：http://tokyo-roudoukyoku.jsite.mhlw.go.jp/

何か資格を取るための勉強を始めることも大切です。離婚後にハローワークに相談に行くのもいいでしょう。

出典：厚生労働省「平成 18 年度全国母子世帯等調査結果報告」

シングルマザーの仕事についての調査

母子世帯になる前の母の就業状況（%）

平成18年

就業していた	従業上の地位						不就業	不詳
	事業主	常用雇用者	臨時・パート	派遣社員	家族従業者	その他		
69.3	5.9	28.7	48.9	2.9	6.8	6.7	29.4	1.3

調査時の母の就業状況（%）

平成18年

就業している	従業上の地位						不就業	不詳
	事業主	常用雇用者	臨時・パート	派遣社員	家族従業者	その他		
84.5	4.0	42.5	43.6	5.1	1.2	3.5	14.6	0.9

母子世帯になる前に不就業だった母の調査時における職業状況（%）

平成18年

就業している	従業上の地位						不就業	不詳
	事業主	常用雇用者	臨時・パート	派遣社員	家族従業者	その他		
75.6	2.1	37.7	51.6	3.9	0.6	4.2	23.8	0.7

この統計を見ると、母子世帯になる前から働いていた人はなったあとも仕事を継続し、母子世帯になる前は不就業だった人の多くは仕事を始めたことがわかります。その勤務内容は臨時社員やパートが半数を超えています。

就業している母の仕事内容の構成割合（%）

平成18年

専門的・記述的職業	管理的職業	事務	販売	農林・漁業	運輸・通信	技能工・生産工程及び労務	サービス職業	その他
17.8	1.3	25.2	11.5	0.5	1.7	9.8	19.6	12.6

＊合計 100% ではありませんが、実際の資料をそのまま引用しています。

資格の有無／役に立っているか否か(%)

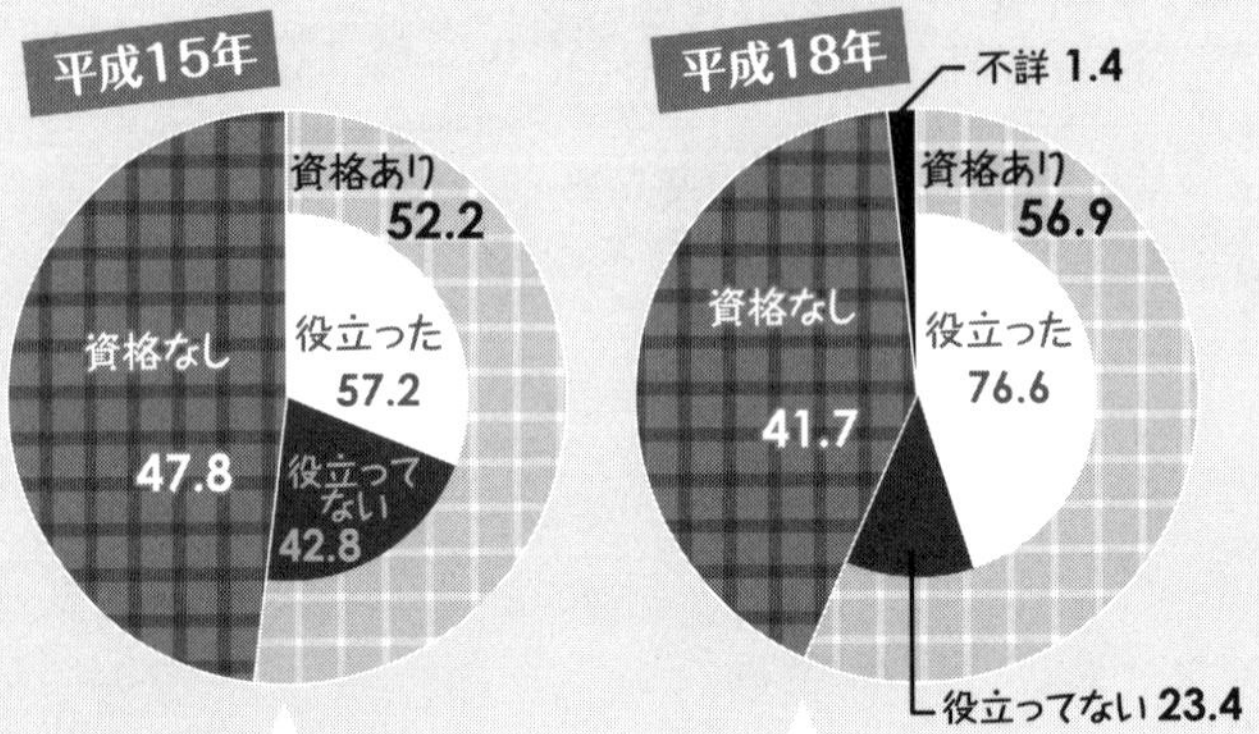
平成15年
資格あり
52.2
資格なし
47.8
役立った
57.2
役立ってない
42.8
平成18年
不詳 1.4
資格あり
56.9
資格なし
41.7
役立った
76.6
役立ってない 23.4

資格があると、やはり就職には有利のようです。

資格の種類別(%)

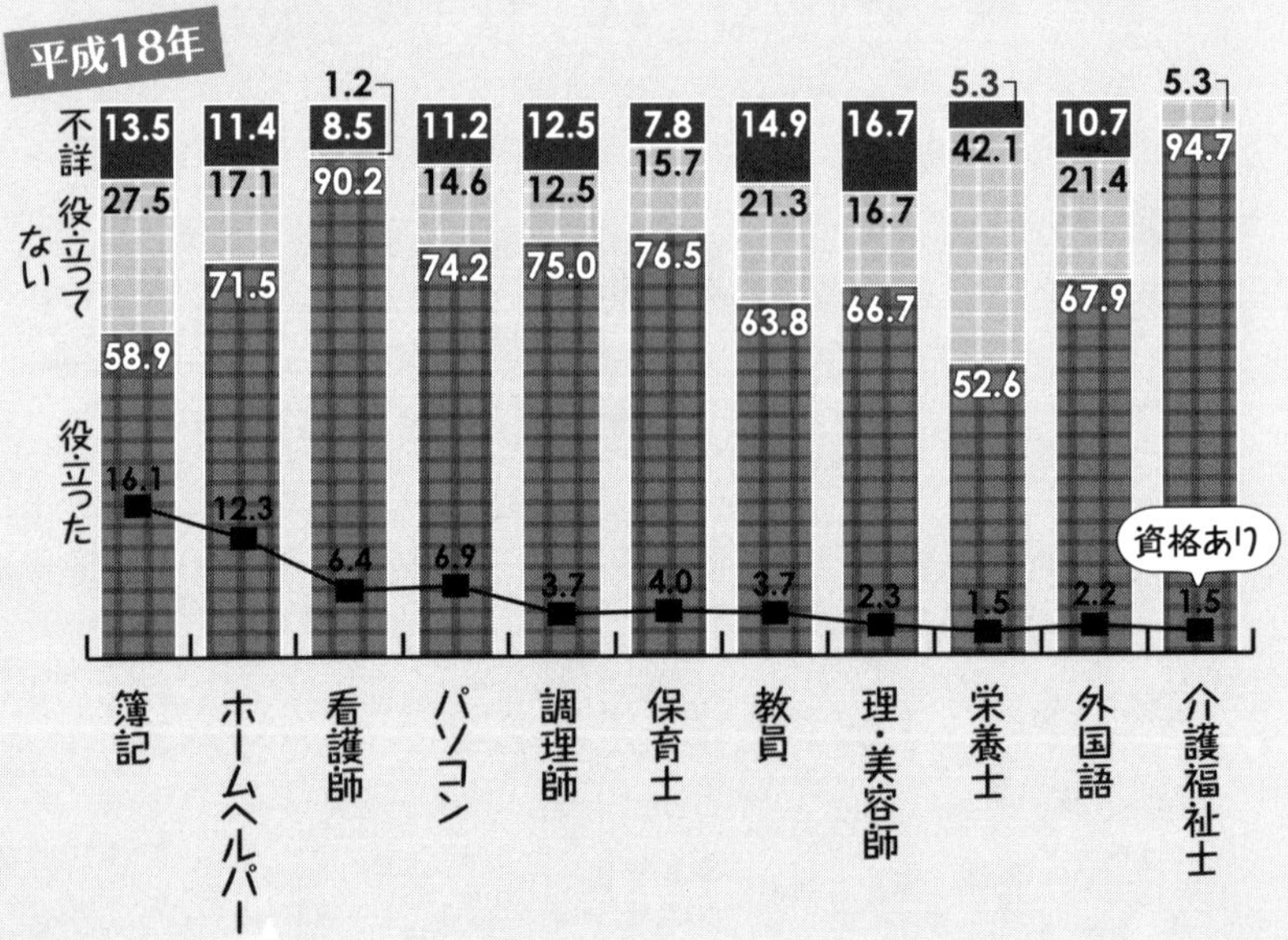
平成18年
不詳
役立ってない
役立った
13.5
27.5
58.9
16.1
11.4
17.1
71.5
12.3
1.2
8.5
90.2
6.4
11.2
14.6
74.2
6.9
12.5
12.5
75.0
3.7
7.8
15.7
76.5
4.0
14.9
21.3
63.8
3.7
16.7
16.7
66.7
2.3
5.3
42.1
52.6
1.5
10.7
21.4
67.9
2.2
5.3
94.7
1.5
資格あり
簿記
ホームヘルパー
看護師
パソコン
調理師
保育士
教員
理・美容師
栄養士
外国語
介護福祉士

自分のやりたい仕事に合わせた資格を探しましょう。

＊合計 100% ではありませんが、実際の資料をそのまま引用しています。

在宅?
正社員?
サービス?
ハローワーク
求人

離婚を契機とした母の転職の有無(%)

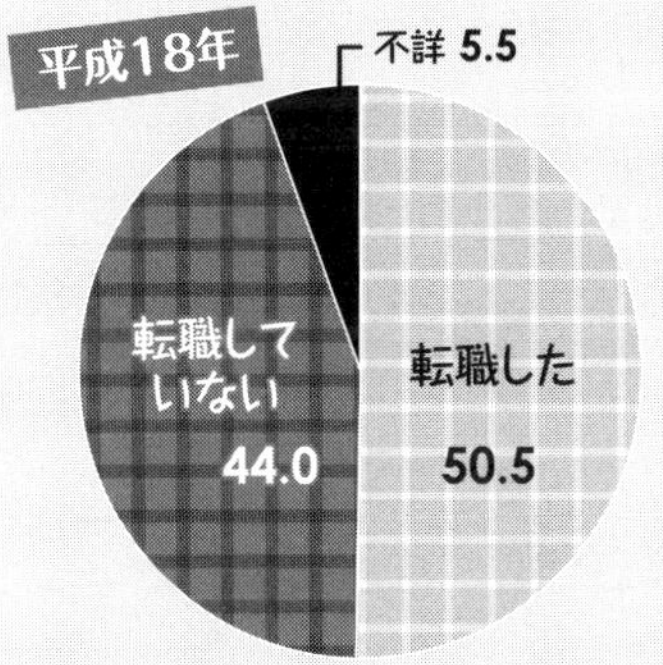

平成18年
不詳 5.5
転職していない 44.0
転職した 50.5

仕事を変えた理由(%)

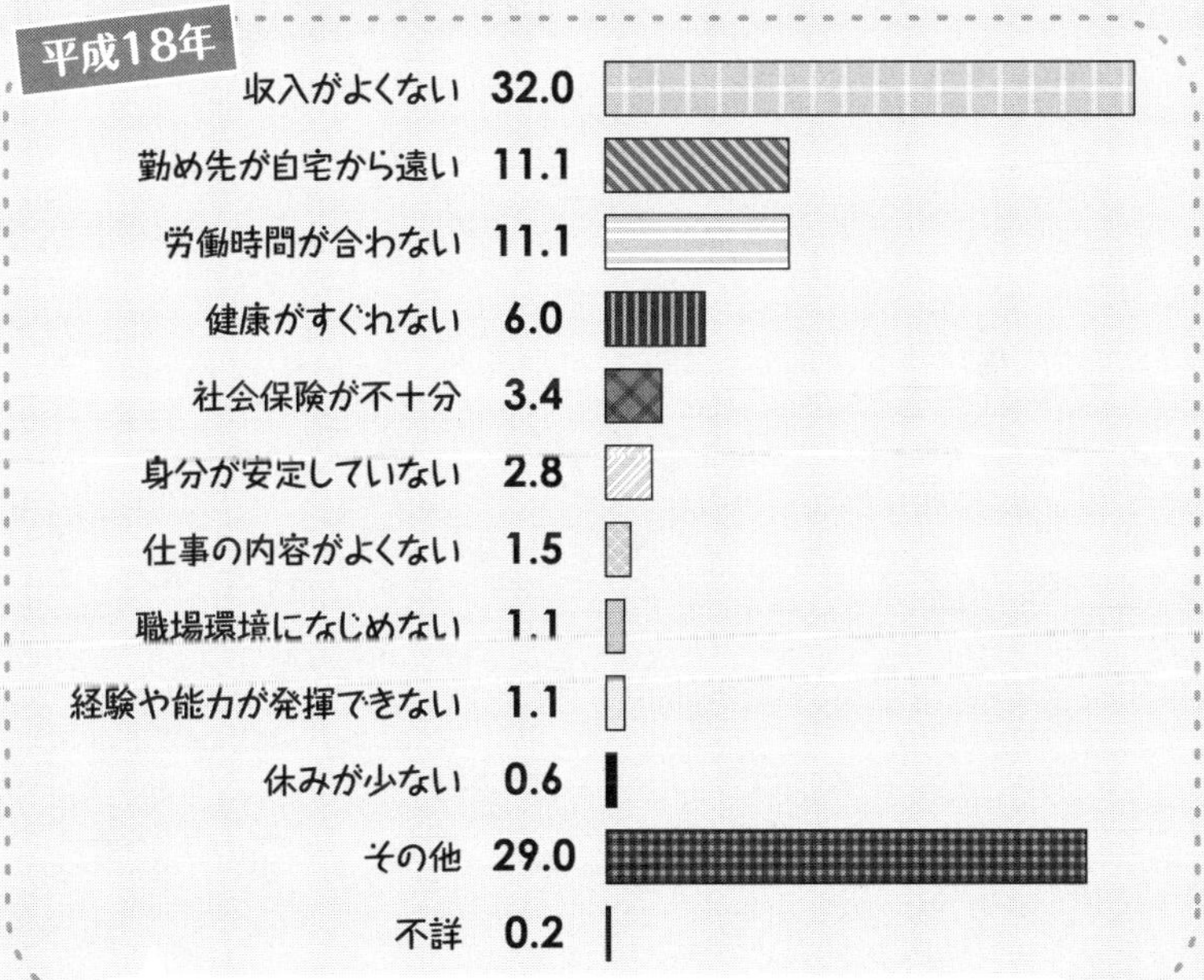

平成18年
収入がよくない 32.0
勤め先が自宅から遠い 11.1
労働時間が合わない 11.1
健康がすぐれない 6.0
社会保険が不十分 3.4
身分が安定していない 2.8
仕事の内容がよくない 1.5
職場環境になじめない 1.1
経験や能力が発揮できない 1.1
休みが少ない 0.6
その他 29.0
不詳 0.2

一番の問題はやはり収入！　子どもをひとりで養える収入が必要不可欠ですね。

もし、子ども（赤ちゃん）をひとりで育てることができないと感じたら……

母子世帯では、思うように仕事ができなくなり、経済状況が不安定なことから、**乳児や幼児虐待が起こりやすい**とされています。これは、子どもがいるというだけで、多くの会社から面接前に電話での問い合わせで断られることもあるからです。また、入社しても子どもの病気で休むことが重なるとすると、辞めざるを得ない状況に追い込まれることもあるからです。

そのため、水商売や風俗業で生計を立てる母親もいます。

まとめ

出産後も継続して働いている場合は別ですが、そうでない場合は再就職となります。新しい職場は、慣れるまでは精神的にも体力的にも苦労することでしょう。それと同時に育児もしないといけないので、シングルマザーにとっては、一番苦しい時期になるかもしれません。

結果的に子どもを愛するゆとりを失い、子どもを愛せないと感じたら、自分を責めたり、周囲を責めたりする前に、迷わず誰かに相談するか、乳児院などの利用を考えるのもいいでしょう。

乳児院という場所

乳児院は児童福祉法にもとづいた施設で、全国に120ほどあり、新生児から小学校入学前の幼児が、保育士や看護師、栄養士などの専門スタッフによって養育されている場所です。出産時に上の子が1歳~2歳で、預け先もなく面倒を見ることができないため、出産・入院しているときだけお願いするといった利用者もいますが、なんらかの事情で養育ができないとか、虐待から保護された乳幼児なども多く生活しています。大半の子どもは、保護者が養育できる状況になったときに引き取るか、養子縁組で養子に出されたり、里親に預けられたりしますが、場合によっては養護施設への入所ということも少なくありません。

乳児院を頼ろうと考えたら、まずは各地の児童相談所・子ども支援センター・区役所・市役所の相談窓口に相談してみましょう。入所の決定権は、乳児院側にあるのではなく児童相談所などにあるからです。費用は、前年度の所得税額により異なり、住民税の非課税世帯と生活保護世帯は無料です。入所中に必要なものは乳児院が用意してくれます。

第9章

保育園入園も神だのみ！

保育園に入園待ちの児童はなんと2万6000人！入れるかは運次第！

Q 保育園の入園待ちは大変って聞いたんですけど……。

A **最近はシングルマザーだけでなく、ワーキングマザー（働くママ・兼業主婦）も多いので、０歳児保育ができる認可保育園も増えています。**

認可保育園への入園を考えたら

母子世帯の場合、**よほどの高収入を得ていないかぎり地域の認可保育園がおすすめです**。認可保育園は、保育室の広さ、保育士の数などが国の基準を満たし、国や自治体から運営費の補助を受けています。市区町村直営の公立と、社会福祉法人などが運営している私立があります。保育園は、原則として保護者が仕事により子どもを保育することができない家庭が対象ですので、親が働いていないと子どもを預けることができません。また多くの場合、**所得によっては保育料が軽減されます**。

認可保育園の入園を考えたら、公募受付のスタートに入園申請の書類が間に合うように準備することも大切です。申請時の書類は、園によって多少異なりますが、保育が必要な理由を書く「保育所入園申請書」、働いていることを証明する「就労証明書」、家族の状況がわかる「家族状況報告書」、「源泉徴収票」「納税通知書」です。

当たりますよーに！
保育園申請書

認可保育園は入園希望が多いため、予め募集期間がもうけられており、0歳児保育を申し込みたいときは、**お腹に子どもを授かった瞬間に入園希望の予約をかけないと入園が難しい**と言われています。基本的に1歳児保育からが多いので、1歳なら、比較的容易に入園可能ですが、途中からの入園を考えると待機児の問題もあるため、かなり難しくなります。また、いくら早めに申し込みをしても、保育園選考の基準は各自治体によって決められているので、選考の基準をよく知ることが大切です。

さらに、市町村などによって多少の違いはありますが、住んでいる地区の保育園が第1候補になり、目の前に保育園があっても、そこが別の地区だと基本的に入園は厳しくなります。役所に申請したときに運よく近くの保育園に入れるか否かで、通園が朝の重労働のひとつになってしまいます。

認可保育園は所得によって保育料の軽減や入園の優先順位があります。また、無認可保育園は施設ごとに保育料が異なります。

認可保育園への入園ができるかどうかは、住んでいる場所によって差がでますが、最近は待機児を減らすために、認可保育園以外にも保育施設が増設されています。しかし、費用のことを考えると認可保育園を選択せざるを得ないというのが実情です。

認可保育園以外の、子どもを預ける場所とは？

「認可外保育園」「無認可保育園」は、認可保育園のように所得による保育料の軽減や入園の優先順位がないため、申し込みは役所を通してではなく各施設に直接申し込むことになります。認可外保育園であっても、公的な助成を受けている保育施設もあり、費用が安い場所もあります。また、そのほかにも保育ママや子育ての支援グループなどもありますが、保育料は場所によってマチマチです。

保育園に入れたいと思ったら、役所やホームページなどで保育園の情報を集め、実際にその保育園に行ったり、ほかのお母さんたちにどんな保育園か聞いてみることも大切です。母子世帯の場合はどんな保育園に入れる

保育ママ制度は、東京都福祉保健局の情報によると、家庭的保育事業の一環として行われ、小学校就学前の乳幼児が対象になっています。保育ママは、区市町村の認定を受けて活動しています。認定資格は、保育士、教員、助産師、保健師、看護師などの一定の資格や、特定の研修修了などが必要です。
※詳細は、事業を行っている実施場所が所在する区市町村まで。

かよりも、とにかく入園させることが最優先です。

保育園の探し方

金に糸目をつけずに保育園を探すことは、できないと思います。しかし、仕事の都合などで、開園時間内に迎えに行くことが難しいときに、**延長保育が可能かどうか、また延長保育の場合には夕食や軽食をお願いできるか**などを入園前に必ず確認しましょう。

子どもに持病がある場合は、市町村の相談窓口や、入園を希望している保育園と事前に話し合いをしましょう。また、その保育園で子どもの日用品に関してどこまで親の手作りを要求する園なのかを知っておくことも大切です。仕事をもって忙しくならざるを得ないシングルマザーにとって、「親の手作り」はネックになります。

そして、最近は国の政策により、公立保育園の民営化が進んでいます。そのため、ハード面（施設面）は変わらないけど、入園してみたら聞いていたのと雰囲気がまったく違うといったこともあるので、それも注意が必要です。

保育所の利用児童数は増加、しかし待機児童数も増加している

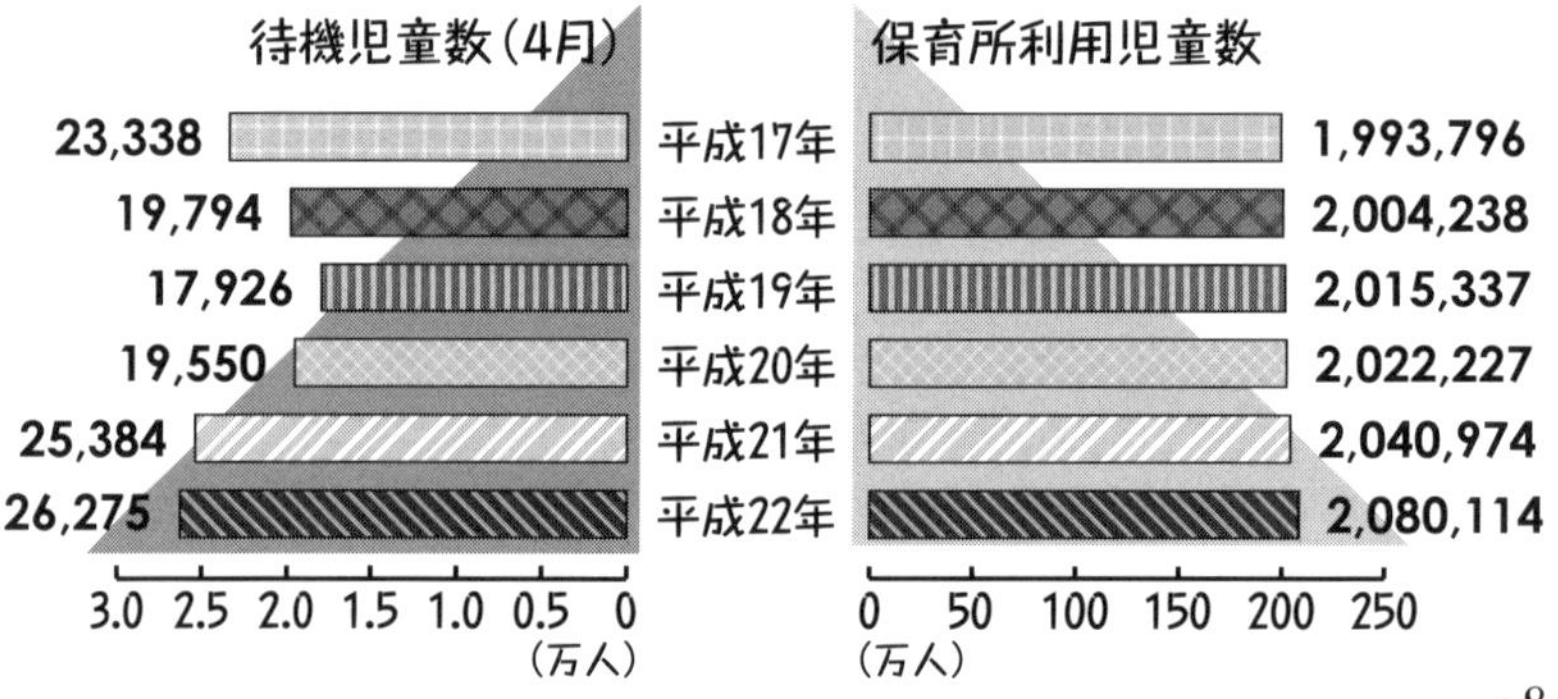

待機児童数（4月）
保育所利用児童数
23,338
平成17年
1,993,796
19,794
平成18年
2,004,238
17,926
平成19年
2,015,337
19,550
平成20年
2,022,227
25,384
平成21年
2,040,974
26,275
平成22年
2,080,114
3.0 2.5 2.0 1.5 1.0 0.5 0
（万人）
0 50 100 150 200 250
（万人）

出典：厚生労働省「保育所の状況等について」（平成22年）

保育園と幼稚園の違いは？

幼稚園と保育園（保育所）はいずれも幼児が通う場所ではありますが、設立の目的が異なり、利用方法も違います。

保育園（所）は児童福祉法の考え方が基本で、「日々保護者の委託を受けて、保育に欠けるその乳児または幼児を保育すること」が目的で厚生労働省の管轄です。幼稚園の根拠法令は学校教育法であり、未就学児（3～5歳）の教育を行う場所で、「幼児の心身の発達を助長すること」を目的として文部科学省の管轄のもとに決められています。そのため、幼稚園の保育時間は一日平均4時間ですが、保育園（所）は子どもを預けられる年齢の幅も広く、保育時間も長く設定されています。

しかし、近年は長時間保育と教育の両方のニーズを満たすため、両方の機能をもつ複合型保育施設（認定子ども園）が増えてきています。

認定こども園とは、保育所、幼稚園などにおける小学校就学前の子どもに対する保育や教育と保護者に向けた子育て支援の総合的な提供を行う施設で、親が働いている・いないにかかわらず利用できます。

充実してほしい保育所のサービスは何？（複数回答）

＊待機しなくても入園できるよう、保育所の数や定員を増やす
＊延長保育（基本の開所時間である時間を超えて行われる保育）の充実
＊一時保育（緊急時など、一時的に利用すること）の充実
＊病児保育（風邪など病気の子どもを預けること）の充実
＊休日保育の充実
＊夜間保育（病院など夜間勤務の場合に利用すること）の充実
＊バスなどによる保育所までの送迎サービスの実施
＊0歳児保育の充実
＊保育所と幼稚園の機能を一体化する
＊保育所内子育て相談コーナー（地域子育て支援センターなど）の設置・拡充

etc…

出典：Benesse教育研究開発センター「調査データクリップ！子どもと教育」（平成19年）

このようなサービスが実現されていくと、より子どもを預けやすい環境になります。とくにシングルマザーは働いている人が多いので、仕事に支障をきたすことも減少するでしょう。

まとめ

保育園は、自分のニーズに合ったところを探すことから始め、申し込み、抽選と、実際に入園するまでには、いろいろな苦労があります。それでも働くひとり親にとっては、力強い施設であることには変わりありません。

しかし、園によっては多くの決まりごとがあったり、保護者会の役員を強いられることもあります。たしかに親として協力することは大切ですが、保育士とは違いあくまでそれはボランティアなので、できないと判断したときにはきっぱりと断ることも大切です。

また、保育園を探す段階で、子どもの送迎に使う移動手段も考えましょう。駐輪場や駐車場があるかどうか、駅から徒歩何分かなど、毎日の送り迎えにかかる時間と労力を計算しておくことも忘れないように考えてください。

第10章

帰宅が遅いママに朗報!?

働くシングルマザーには月額５０００円で子どもを預かってくれる学童クラブが便利！

Q 放課後に子どもをひとりにするのが不安なのですが……。

A 学童クラブの利用を考えてみてはいかがでしょうか?

学童クラブ（育成室）の実際

学童クラブ（育成室）は、児童福祉法で放課後児童健全育成事業として位置づけられています。保護者が働いて留守になる家庭の児童に、遊びと生活の場を提供し、児童の健全な育成をはかることを目的としています。

しかし、**学童クラブ（育成室）は児童の自主来所ですので、子どもひとりで通う必要があります**。

東京都北区の場合を紹介しましょう。対象となる児童は、区内の小学校に在籍する児童、区内に居住し区外の小学校に在籍するいずれも小学校1～3年生児童で、放課後帰宅しても保護者が労働のために留守になる家庭の児童です。また、対象となる学童クラブ（育成室）が決められているた

め自由に選ぶことはできません。ただし諸条件を満たしていても、定員に空きがない場合は受け入れをしてもらえない場合もあります。

学童保育は余暇指導と生活指導が中心で、通常児童40名につき指導員2名で行われます。預かってもらえるのは放課後から午後6時までですが、地域によっては7時までのところもあります。原則として日曜・祝日は休みです。学級閉鎖、設立記念やふりかえ休校などの場合は、午前8時45分から午後6時までになっていました。

育成料は月額5000円程度と、保護者会が管理するおやつ代が月額約1500円必要ですが、育成料は所得に応じて減免制度もあります。

働くシングルマザーの帰宅時間

働くシングルマザーの帰宅時間は「午後6～8時」が37・9%と最も多くなっています。つまり、子どもをひとりにしないためには、8時ぐらいまで安心して預けることができる場所が本当は必要なのです。

シングルマザーの就業者の帰宅時間（%）

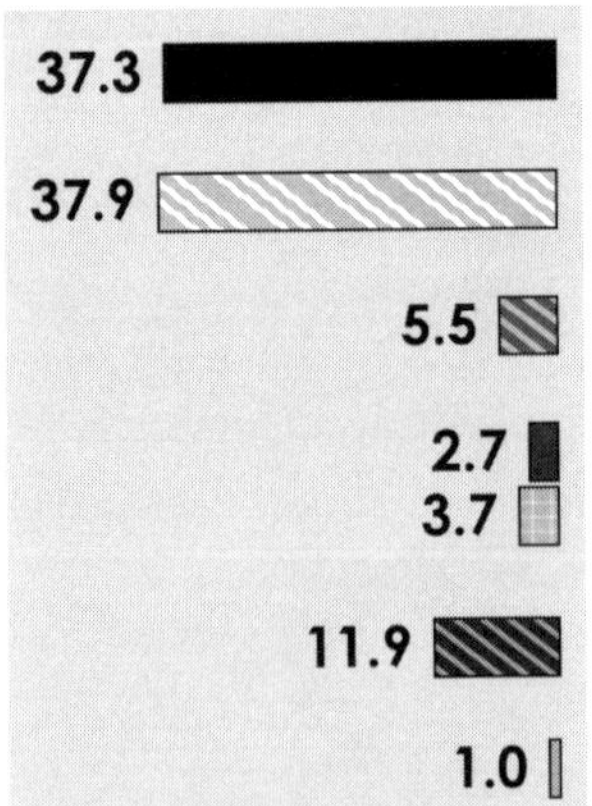

37.3 ～18:00
37.9 18:00～20:00
5.5 20:00～22:00
2.7 22:00～0:00
3.7 深夜・早朝
11.9 一定でない
1.0 不詳

出典：厚生労働省「平成18年度全国母子世帯等調査結果報告」

まとめ

学童クラブ（育成室）の多くは、小学校1年生から3年生までの学童が対象になっています。また、保育園のように子どもの意志が尊重（優先）されるため、子どもによっては行きたがらないケースがあります。しかし、母子家庭で子どもを親の帰宅までひとりで放置しておくことは子どもの安全、親の安心を考えると多くの問題があると思います。

また、私のような自営業の場合は、家にいるのだから子どもが帰宅しても問題ないように思われがちですが、実際には子どもが帰宅時間から、仕事能率低下や外出に制限がかかり結果的に低収入になってしまいました。そのため、やはり子どもを安心して預けることができる場所が必要だと感じました。

学童保育所は、公設公営、公設民営、民設民営があります。なかでも多いのが自治体による公設公営で、そのうち直営は45％、外部団体に運営を委託しているものが11％になっています。残り44％が民営で、自治体が設置し社会福祉法人や運営委員会、法人等に運営を委託している公設民営、保護者や地域運営委員会、法人などが施設も用意する民設民営となっています。

えりたま's COMMENT

仕事で、つよぴょんを連れて叔母が住んでいるハワイに行ったことがあります。そのときに叔母から「アメリカでは13歳未満の子どもは、ホテルであってもひとりにしておくと処罰対象（犯罪）になるから注意しなさいよ」と言われて驚いたことがあります。

だからと言って、日本でも同じように子どもをひとりにすると処罰されるという法律をつくるべきかどうかはわかりません。まして、シングルマザーの私にはとても無理なことです。

シングルマザーにとっては、昼間は外で働き、夜は家事に追われる毎日で、子どもの面倒を四六時中見てるわけにもいきません。そのため、子どもが安心して過ごせる生活環境を整えるために自治体の保育施設や学童クラブなど、もっと充実してほしいと思いました。

コラム

日本の離婚率は世界26位！

ロシアの1位、アメリカの4位に比べると低いですが、最近は3組に1組が離婚すると言われるほど、離婚が急増しています。離婚先進国アメリカでは、1970年以降、夫婦の合意がなくても一方の意思で離婚できるという無責離婚法があり、さらに、特別な事由がなくてもほとんどの州法で1年間別居状態であれば離婚が成立します。日本もどんどんアメリカ並みの結婚観・離婚観に近づいていくようです。

厚生労働省の調べによると、47都道府県のなかで離婚率が最も高いのが沖縄。次いで大阪、高知。逆に離婚率が低いのが山形、島根、石川などの日本海側。

国際結婚……その行く末は!?

2005年、結婚総数の約5％が国際結婚で、20年前の約10倍です。しかし、結婚後の問題が日本人同士に比べ、より複雑です。例えば、言葉、生活習慣、対人関係での作法の違いが挙げられます。そのため、実生活のギャップから、どうしてもなじめず離婚に至るカップルが日本人同士のカップルよりも統計的に多いそうです。しかし、国際離婚の場合には、それぞれの国での法律の違いがあり、手続きが大変だったり、子どもの出国が問題になったりします。子どもの親権に関する条約がハーグ条約のなかで取り決められています。

とくに、どちらが引き取って、どちらの国籍で育てるかなど法的なことがたくさんあります。

第11章

100均服を着てるママ、諭吉服を着てる子ども!?

学校指定購入品、全部計算したら10万円を超えてしまった……!

Q 学校で授業料以外にかかる費用ってどんなものがありますか?

A 学校によって違いますが、学校指定の上履きや体育館シューズ、体操着などが必要になります。

これは、その**学校で決められているものなので、保護者は必ず揃えることになります**。100円均一のお店などでTシャツを売っていたり、上履きはディスカウントショップで500円程度で同じようなものが探せます。しかし学校指定の上履きは4000円前後。体操着は上下で5000円前後、しかも、多くの場合は学校の指定業者が決まっていて、割引きも一切ありません。ちなみにつよぴょんの場合は、中学校の制服など指定販売店は2店舗で、ブレザーが1万8000円、ズボンが1万1000円、それに学校指定のネクタイが1800円程度かかりました。

男の子の場合は、身長が急に伸びたりして途中で作り直すこともあります。大人のビジネススーツでも、安いものなら5000～1万円で販売されている時世に、融通性のなさを痛感しました。

制服以外でも、小学校ではお道具箱に始まり、鍵盤ハーモニカ、リコーダー、絵画セット、習字道具、裁縫道具などが学校から指定されています。保護者はある種の義務のような気持ちで購入することになります。

ほかにも、遠足や修学旅行なども基本的に自己負担です。中学校では、3泊4日の京都旅行の代金が約8万円のうえに、昼食代と体験学習費がさらに1万円と、決して安くはありません。**母子世帯の場合は申請すれば就学援助制度を利用**できますが、それでも足りませんでした。

東京都23区内の小・中学校では上履きの自由化や、学校指定の体操着を廃止するところも増えているようです。

制服に関しては、本来の目的は教育現場での格差をなくす

ネクタイ 1800円
ブレザー 18000円
カバン 20000円
ズボン 10000円
クツ 8000円

えりたま's COMMENT

ものでしたが、制服は高価で、さらに学校指定品も必ず買わなくてはならず、保護者への押しつけになっているようにも感じました。鍵盤ハーモニカやリコーダーなどは、口をつけて吹く部分だけを売るようにしたり、絵の具、習字道具、彫刻刀なども、学校でまとめて購入し、次の学年に引き継いでいくことで、保護者の負担を減らすよう融通がきかないものなのでしょうか？

母子世帯が増えるのと比例して、就学援助利用者の数も増えてます。公立小・中学校は義務教育です。給食費や、制服も含めどんな親でも支払うことができる価格にしてほしいものです。

学校指定品だけではない!? クラブ活動にかかるお金

中学校は、小学校と違ってクラブ活動があります。そのため、放課後の心配が必要なくなっても、今度は部活のための費用がかかります。

例えば、陸上の場合には、スパイク、アップシューズ、さらにユニフォーム、そのほか、大会参加費用（エントリー費用）が必要になります。部のなかでどこのメーカーのものが走りやすいとか、軽くていいものがあるとか話題に出ると子どもは欲しがるものです。「お誕生日にプレゼントするから待って」と言っても、ほかの子どもたちが持っていると自分だけ持っていないことに耐えられないようです。

　顧問の先生に相談すると、通常の運動靴でもいいと言われることが多いと思いますが、秒数を競う競技ですから、靴の性能の良し悪しも関係するでしょう。そのため、欲しい靴が手に入らないことが理由で、記録を伸ばすことができないと思い込み、だんだん部活を休むようになって、結局は退部して「帰宅部」。帰宅部になると、ダラダラした生活になりがちですし、帰宅部の子ども同士で行き場のない若いエネルギーをもてあまし、群れるようになり、問題行動につながっていく可能性が高まります。

文化部の場合も楽器や画材、旅行やレクリエーションなどお金がかかる部活がたくさんあります。

中学生の部活参加率は高まるが、その影で……

部活動に積極的に参加している中学生の割合は、第4回学習基本調査報告書（中学生版）によると、18年前の第1回調査と比べ、増えていることがわかります。

部活動で身につく集中力は、勉強の粘り強さにもつながるので、「授業にまじめに取り組む」中学生を育成できます。

しかし、母子世帯などの場合は部活で使うお金を用意することが難しいという理由で、部活に参加しない生徒もいることを知ってほしいと思います。

まとめ

公立の小中学校では制帽、制服をはじめ校則として全員横並びに従うことになります。しかし、すべての家庭が裕福ではないのです。子どものために、苦しい家計の中から費用を捻出をしている家庭も少なくありません。

部活動の参加状況（%）

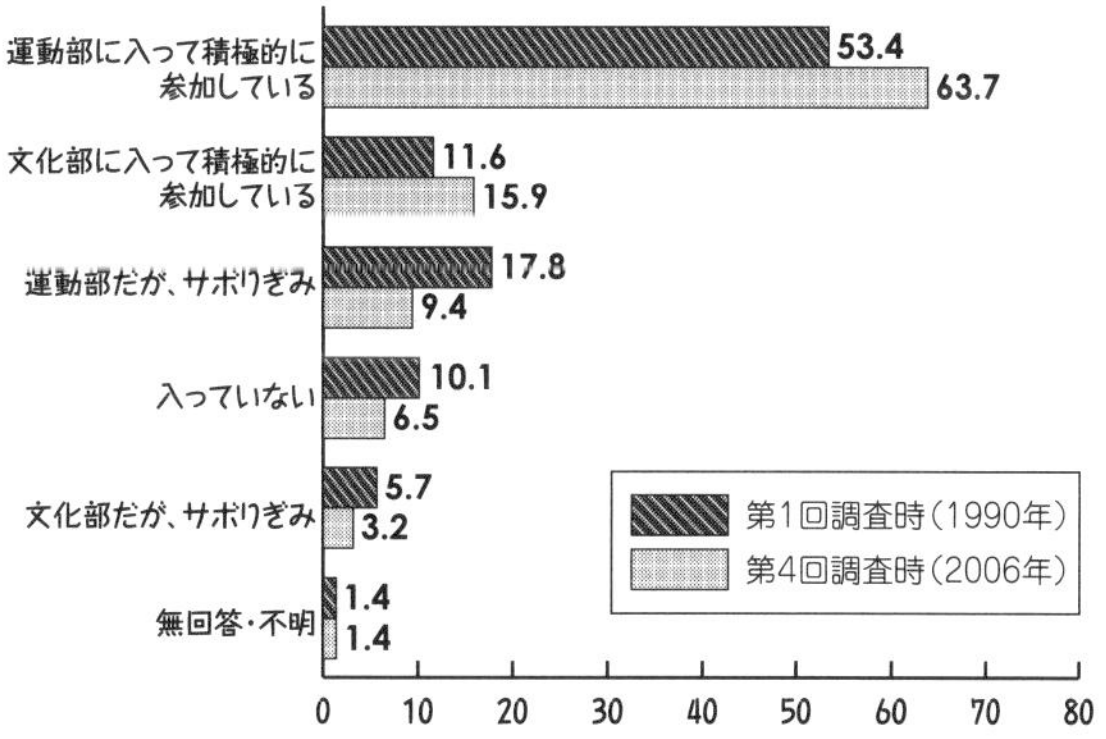
運動部に入って積極的に参加している
53.4
63.7
文化部に入って積極的に参加している
11.6
15.9
運動部だが、サボりぎみ
17.8
9.4
入っていない
10.1
6.5
文化部だが、サボりぎみ
5.7
3.2
無回答・不明
1.4
1.4
第1回調査時（1990年）
第4回調査時（2006年）
0 10 20 30 40 50 60 70 80

出典：Benesse 教育研究開発センター「第４回学習基本調査報告書・国内調査・中学生版」（平成 18 年）

＊合計 100% ではありませんが、実際の資料をそのまま引用しています。

第12章

子どもも孤独！

ひとり親家庭では塾にも行けず 成績が悪いのは誰のせい？

Q 成績が悪くても学校の先生は勉強を教えてくれないんですか？

A 子どもが自分から聞けば教えてくれるかもしれませんが、先生からは何もしてくれないことも……。

保育園の次は小学校。何を基準に選ぶか

保育園選びも大切ですが、小学校を選ぶことはもっと重要になります。公立の場合は、基本的に学区で振り分けられてしまいますが、選択肢がある場合は大規模校か小規模校か、幼稚園出身者と保育園出身者の割合などを調べておくほうがいいでしょう。

中学受験する子どもが多い小学校では、塾通いが当たり前で、子どもは学校でわからないことを塾で解決していきます。そのため、授業はハイスピードになり、塾に行っていない子（行けない子）は、ほかの子に気おくれがあって、先生に質問があっても聞きづらいようです。

えりたま's COMMENT

私の場合、塾に行かせるお金はなかったので、100円均一で売られているひらがな練習帳やドリルを買って与えました。しかし、私自身が仕事や家事で大変だったため、つよぴょんにつきっきりで勉強を教えることはできませんでした。先生に放課後残してでもいいから、教えてほしいとお願いしたものの、こういうことを言う先生はレアなケースなのかもしれませんが、ほかの子どもとの差別になるからそれはできないと言われました。

また、通っていた小学校では学校との連絡は登校班の班長宅に電話をしたり、連絡帳によるものでした。緊急時以外は学校に電話をしないでくださいと言われましたので、子どものことを誰に相談すればいいのかわからなくなっていました。つよぴょんは、私が勉強しなさいと言っても勉強はしません。勉強しないから、どんどん勉強が遅れ、小学校2年生になってもひらがなが満足に書

けない。ノートに文字を書くことも嫌になり、学年が進めば進むほど、学力面でかなりの差が出てしまいました。

今の子どもは塾に行くのが当たり前!?

小・中学生の通塾率を学年別に見てみると、**通塾率は学年が上がるにつれて増加している**ことがわかります。

通塾率が大きく増加した背景には、少子化によるひとりの子どもへの教育費の増加、受験競争の激化、中学受験率の上昇といった教育環境の変化が考えられます。しかし、家計の状況の厳しい家庭では、塾に行かせたいと考えても右から左へというわけにはいきません。

塾の費用（月謝）はどのくらい？

母子世帯の所得を考えると、塾の費用（月謝）を支払うことはとても厳しいものがあります。東京都では「格差」是正

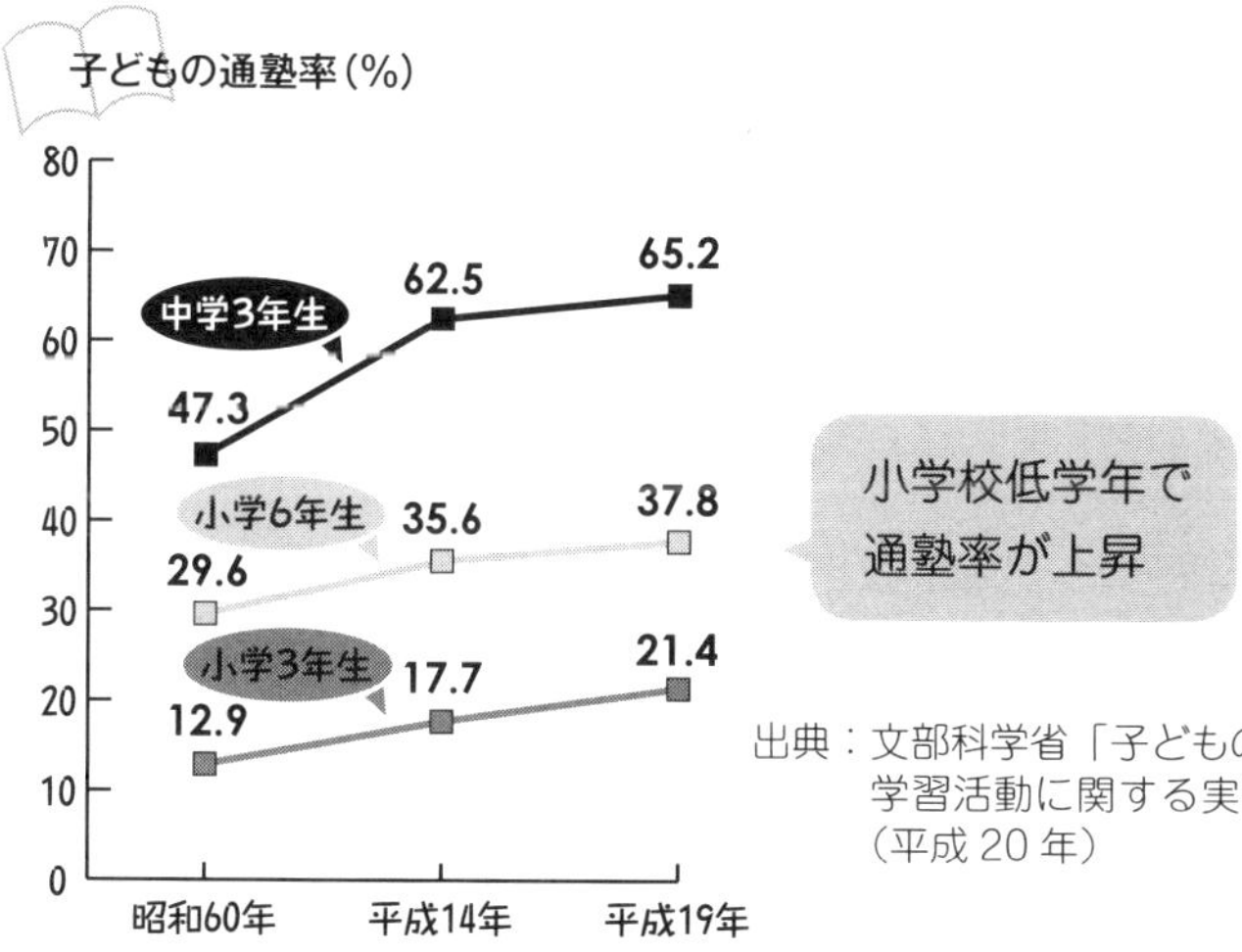
子どもの通塾率（%）
80
70
60
50
40
30
20
10
0
中学3年生
47.3
62.5
65.2
小学6年生
29.6
35.6
37.8
小学3年生
12.9
17.7
21.4
昭和60年
平成14年
平成19年
小学校低学年で通塾率が上昇

出典：文部科学省「子どもの学校外での学習活動に関する実態調査報告」（平成20年）

の目的から生活保護世帯に塾代を支援しているようです。しかし、前に書いたように多くの母子世帯は生活保護を受けていないのが現状です。

まとめ

生徒間の学力の格差をなくす教育のためにも、子どもの勉強を教える場は学校だという再認識が必要だと思います。

また、つよぴょんの担任のように、もしひとりの子どもを居残り勉強させることがエコヒイキになるからできないなら、公立の塾を作り学校の勉強で遅れをとっている子どもの学習面のケアを充実させてほしいものです。

ただ、学校にばかり責任を求めてもいけません。やはり子どもにとって親と触れあえる時間は最も貴重なものです。仕事で忙しいのを言い訳にせず、子どもに勉強を教えたり、話を聞いてあげる時間はできるかぎり作ってください。学習だけでなく、子どもとのつながりも深くなっていくはずです。

学習塾・費用の目安

小学生

指導形態	週2回	週3回	週4回
進学塾 集団指導	8,000円	12,000円	16,000円
少人数指導	12,000円	18,000円	24,000円
個別指導	16,000円	24,000円	32,000円

＊進学塾の月謝は、１回の授業を90分として計算

中学生

指導形態	週2回	週3回	週4回
進学塾 集団指導	16,000円	24,000円	32,000円
少人数指導	24,000円	36,000円	48,000円
個別指導	32,000円	48,000円	64,000円

＊進学塾の月謝は、１回の授業を120分として計算

第13章

塾に行けない子どもは進学できない!?

母子世帯で高校卒業できない子どもには定時制高校狙いもアリ。

Q 子どもの成績が悪い場合、高校進学はあきらめたほうがいいのでしょうか?

A **全日制以外にも、定時制という選択肢があります。幅広く考えることが大切です。**

母子世帯はオール1?

もちろん母子世帯の子どもがすべてオール1になるワケではありません。通常家庭の子どもよりも勉強も部活も頑張っている事例も数多くあります。

しかし、母子世帯にかぎらず低所得世帯の子どもに算数ができない傾向があることなど、現実問題として**親の所得による学力格差がある**と言われています。平成20年2月5日のNHKのニュースによれば、日教祖が行ったアンケート調査の結果として「教員の83%が、家庭の経済力の差が子どもの学力に影響していると感じている」と報道しています。これは、とく

ノーベル経済学賞を受賞したヘックマン教授は「3、4歳の時期に適切な教育を受けなかった子どもは、教育投資の効果が小さくなり、学習意欲を高めることは難しく、効果は限定的なものになる」と、雑誌『Science』で発表しました。

に大都市において、所得格差が大きいことにもありますが、その一方で教育制度の問題が指摘されています。
例えば、私立の中高一貫校の難関大学受験を見すえた良質な教育を受けさせるために、高所得の家庭であればあるほど早期から中学受験への準備を開始します。もちろん、私立だけではなく、公立の中高一貫校や小学校、幼稚園からのエスカレーター式学校への受験も、早期からの準備が必要なのは言うまでもありません。

親を亡くした遺児を支援する「あしなが育英会」の調べでは、母子世帯で育つ高校3年生の進路希望を調査したところ、就職希望者の約4割が生活苦を理由に進学を断念していることがわかりました。

場所によって私立小学校受験者が約4割もいる地域や、私立中学などの受験者が半数を超える公立の小学校が増えるなど、**受験するために塾通いをする生徒が一般化**してしまいました。本来子どもの教育や学習（勉強）の場であるはずの学校が、塾通いしている子どもたちにとっては、体を休めたり、ストレスを発散したりする場へ変わってしまったのです。
しかし、小・中学校の教員はテストの得点が高ければ、その生徒が問題行動を起こしている場合であっても、成績および内申書に高い得点（評価、評定）をつけることがあります。そのため、テストの点が悪くても、塾通いできない子どもは相対的に評価が低くなり、結果的に進学の道を閉ざされ、社会に出る前にハンデを背負うことになってきているのです。

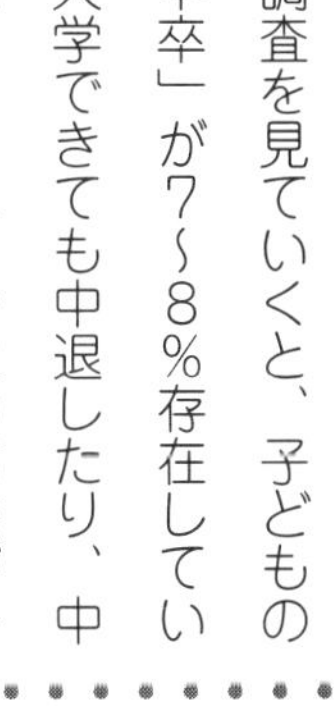

公立の全日制の高等学校や高校専門学校（高専）など、内申書の評価が入試の得点よりも重要視されるところもあります。

えりたま's COMMENT

大阪市の母子世帯家庭等実態調査を見ていくと、子どもの年齢が17～19歳で最終学歴が「中卒」が7～8％存在しています。これは、せっかく高校に入学できても中退したり、中学生時代の成績の問題で受け入れてもらえる公立の高校が少ないからだと考えられます。

これは、高校進学率が約98％という時代には信じられない数字です。つよぴょんがオール1だったから言うわけではありませんが、成績がオール1になってしまう子どもの将来を考えて、とくに公立中学校で進路指導に携わる先生は生徒に目を向け、学力をきちんとつけられるように生徒に気を配ってほしいものだと痛

感じました。

ちなみに先生がオール1の成績をつけたとしても、オール1になるのはその生徒の問題であって、先生の指導力のなさは一切問題にされることはありません。

その一方で塾の場合は、入塾する子どもは大切なお客さまといった考え方から、どんなに学力が低い子どもであっても熱心に指導し、学校での成績を上げさせます。しかし公立の小・中学校では熱心な指導をしても給料には無関係、就労時間内に決められた業務だけを行えばいい傾向があるように思います。

これは、私自身、公立小学校の理科支援員として教育の現場に携わったときに感じたことです。

もちろん、本当に学力に差が出ないような教育ができるようにと、親身になり現場を支えている先生もいますが……。

また、進路指導で、定時制高校をすすめる場合

や、家庭の事情で定時制高校を選択する生徒に対して、定時制は落ちこぼれや問題行動がある子が行くところと決めつけて話すことがあります。これは保護者や子どもの心を傷つけ、劣等感を負わせていることに気がついてほしいものです。

お金がなくても定時制高校は行ける!?

「母子世帯でお金がないので、高校に行かせることができない」では、その後の子どもの人生にハンデをつけさせることになってしまいます。

その点、**定時制高校は、受験料を比べても普通の高校より安価**になっています。私立では平均２万５０００円前後、高専１万２０００円前後、全日制２２００円、公立の定時制では９５０円です。しかし、定時制高校であっても、学校指定品の購入やＰＴＡ会費、給食費の負担はあります。

ざっと考えても体操着、Ｔシャツ、体育館履き、水着、スイミングキャップで約１万５０００円。さらに選択した科目によっても異なりますが、実習服などで約３万２０００円。そのほか、積み立て金５万円、生徒会費

また、東京都には受験生チャレンジ支援貸付事業というものがあります。これは、学習塾、各種受験対策講座の受講料や、高校や大学などの受験料の捻出が困難な世帯に必要な資金の貸付を行い、子ども達の学習をサポートする事業です。貸付資金には、受験対策の学習塾費用サポートと、高校・大学の受験料サポートの2種類があります。まずはお住まいの区市町村窓口に相談してみましょう。

3000円、PTA会費3000円、給食費年間約6万円が必要になります。

定時制高校について

もともと定時制高等学校は、勉強したくても働かなくてはならないような、全日制の高校に進めない青少年に対して高校教育を受ける機会を与えるためにつくられた制度でした。しかし最近は勤労青少年だけではなく、全日制課程からの転・編入学する場合や、過去に高校教育を受けることができなかったなど多様な入学動機や学習歴を持つ人が通っています。

そのため定時制といっても夜間だけではなく、昼間部などをもつ定時制課程が約4割もあります。平成18年度の学校基本調査（文部科学省）によると定時制課程をおく高等学校は、807校で生徒

数は10万８８１５人です。多くの場合は4年間で卒業ですが、全日制同様で３年間で卒業することができる学校もあります。

以前は定時制高校では定員割れがあり、２次募集や3次募集がありました。しかし今では、チャレンジスクールと呼ばれる総合学科などは、倍率が非常に高くなっているようです。

まとめ

お金のことが高校に行くことをあきらめるくらいなら、定時制高校を進路選択のひとつとして考えましょう。

高校を中退した場合も諦めるのは早計です。学習成果を適切に評価し、その学力を認定するための高等学校卒業程度認定試験（旧大学入学資格検定）があります。合格者は大学・短大・専門学校の受験資格が与えられ、高等学校卒業者と同等以上の学力があるとして認定されます。

第14章

イジメ、不登校、家出……非行に走る子ども

母子世帯の子どもが非行に走る確率は両親が揃っている家庭の2倍以上！

Q 少年犯罪は、やっぱり母子世帯だと多くなるのでしょうか?

A 少年(14〜19歳)犯罪の発生率が、母子世帯では高いと言われています。

もちろん、すべての母子世帯で子どもの問題行動が起こるとはかぎりません。ひとり親だからこそ頑張ろう! と考え、親を支えてくれる子どももたくさんいます。しかし、年齢にもよりますが、**離婚時に受けた心の傷などから、自分の気持ちを上手に表現することができず、結果的に問題行動に結びついてしまう**ケースがあります。

研究者の間でも、子どもの犯罪を減少させるためにさまざまなケースの原因追究がされていますが、**個々の家庭事情や心の問題に合った解決方法を早期に取り入れる**ことが大切です。

一番大きな問題は母子世帯の貧困。母親側の心のゆとりのなさも関係しているかもしれません。

子どものイジメは他者から受けた暴力への仕返し

イジメの加害者、とくにリーダー格としてイジメの集団を作ってしまう子どもは、その子自身の心の中に大きな傷があることが少なくありません。多くの場合は、親から虐待を受けていたり、大人から以前ひどいイジメや暴力に遭ったなどの経験が原因になります。

心の傷が深すぎる場合には、かつて自分に暴力をふるった加害者への復讐心を別の誰かにぶつけてバランスをとろうとすることもあります。それは、自分自身が弱い人間ではなく、強く、選ばれた人間だと確認する行為とも考えられています。その対象はクラスメイトや親であったり、さらには非行に走ったりします。また逆のベクトルで攻撃性を自分に向ける自傷行為や、摂食障害、不登校、閉じこもり、自殺につながることもあります。

文部科学省は、学校の内外を問わず、児童生徒が一定の人間関係のある者から、心理的、物理的な攻撃を受けたことにより，精神的な苦痛を感じた経験をイジメと定義しました。

えりたま's COMMENT

平成21年度の文部科学省「児童生徒の問題行動等生徒指導上の諸問題に関する調査」によると、調査年の国・公・私立の小・中・高等学校及び特別支援学校におけるイジメの認知件数は、7万2778件。その内訳は、小学校3万4766件、中学校3万2111件、高等学校5642件、特別支援学校259件となっていました。イジメを認知した学校数の割合は37・9%で、イジメの態様は、小・中・高等学校・特別支援学校の全てで「冷やかしやからかい・悪口や脅し文句・嫌なことを言われる」が最も多くなっています。

イジメの被害者にならないためにイジメの加害者集団に加わるケースも少なくありません。集団の場合、「みんなでやっていることなので、悪いことじゃない」という心理から、イジメが仲間の遊びに形を変えることがあります。しかしその結果、イジメが常態化・長期化して被害者は生きる力を失うほど深刻化することもあります。

まとめ

もし自分の子どもがイジメのターゲットにされているかもしれないと感じたら、学校や加害者の親に直接訴えるのではなく、まずは子どもの話を冷静に聞きましょう。親も子どもも感情的になってしまうと、真実の把握が難しいからです。また、すぐに学校などに訴えても、穏便に解決をすすめられたり、ウソと疑われたりすることもあります。

次にイジメに関する各種の相談ダイヤルなどで、専門家に相談してみましょう。専門の機関は多くの事例を知っているので、どのような解決方法がベストかを的確に助言してくれます。

そして、相談員の意見をふまえたうえで、学校・警察・教育委員会と話し合いましょう。また、ＰＴＡやママ友に相談すると、変に噂として流されてしまったり、イジメがさらにエスカレートしてしまう可能性もあるので、注意が必要です。

イジメの相談をするなら……

「子どもの人権110番」

全国の法務局・地方法務局の人権擁護事務担当職員、子どもの人権専門委員が対応してくれます。不登校、虐待、その他の非行に関してもＯＫ。

○電話番号：０１２０‐００７‐１１０
○受付時間：平日午前8時30分～午後5時15分
○ＨＰ：http://www.moj.go.jp/JINKEN/jinken112.html

「24時間いじめ相談ダイヤル」

電話をかけた所在地の教育委員会の中にある相談窓口につながります。カウンセラーなどが相談にのり、必要に応じ、より適切な相談機関を紹介することもあります。

○電話番号：０５７０‐０‐７８３１０（全国共通）
○受付時間：24時間対応（休日含む）
○ＨＰ：http://www.mext.go.jp/a_menu/shotou/seitoshidou/1306988.htm

子どものウソと盗み～ウソはドロボウの始まりか～

子どもの盗みやウソは、親に対する子どもからのメッセージだと言われています。しかし、現実的に考えると子どものお小遣い事情も影響しているようです。

母子世帯では総じてお小遣いが少ないので、ほかの子どもたちを見て羨んだり、憤りを感じることもあるでしょうし、お年玉にしても母方・父方の親族が揃っている家庭に比べるとどうしても少なくなってしまいます。自由になるお金が少ないことが盗みの原因のひとつでもあるかもしれません。

子どもの家出～家出は犯罪の始まりか～

警察白書を見ると、家出する少年少女の割合は増加しています。別のデータでは、母子世帯の子どもの家出が普通の世帯の2倍以上になっているデータもあります。統計は実際に捜索願いが提出された数値ですので、どのくらい実数があるのかは不明です。

なかでも、プチ家出と呼ばれる1日～数日程度の家出は、期間が短いため無断外泊のように捉えられ、携帯で連絡がつくから大丈夫だと思われがちです。しかし**家出は、子どもから親への重大なメッセージ（意思表示）**です。そのまま放置していると、数日~1週間程度の家出を繰り返して、それが本格的な家出になり、ついには犯罪に手を染めたり、巻き込まれたりしてしまうケースが多いとされます。一度目~数回のプチ家出をした時点で子どもがどんな問題をかかえているかをよく見きわめて、解決する努力をしましょう。**家出を繰り返させないこと**がとても大切です。

いつもはちゃんと帰宅している子が、その時間に帰らず携帯電話も通じない場合は、家出の可能性があります。そんなときはひとりで悩まずに、まずは警察に連絡してみましょう。もし、捜索願いを出したあとに子どもが無事に帰ってきたら、その旨を警察署へ届ければいいだけです。遠慮をせず、臆病にならずにとにかく捜索願いを出すようにしましょう。シングルマザーにとって、次々に襲ってくる子どもがらみのトラブルが少しでも大事に至る可能性があるのなら、早め早めに対処していかないと後悔することになります。

子どもが家出をしてしまったら、とにかく捜索願いが一番！

捜索願いを出す方法

❶子どもが家出した！

①まずは警察に相談する
②捜索願いを出す

↓

❷届け出先は？

①家出人の家出時の住所地を管轄する警察署
②家出人保護者などの住居地を管轄する警察署
③家出人が行方不明となった場所の管轄警察署

↓

❸必要書類は？

①家出人の写真
②印鑑

警察では、本人の意思または、保護者などからの承諾を得ず住居地を離れ、所在、行方、居所が不明になった人物を「家出人」としています。

③手がかりとなる資料　など

↓

❹届出人は？

家出人の保護者、家出人を現に監護している者、その他の親族

↓

❺家出人の種別

家出人の種別として、動機や原因、予測される家出人の行動などによって「一般家出人」と、自殺の恐れや事件、事故に巻き込まれている可能性が高い場合の「特別家出人」の2種類に分類されます。

↓

❻公開、非公開に関して

家出人捜索願いには、公開と非公開の2種類がありますが、「一般家出人」の場合は基本的に非公開の扱いになります。

↓

❼捜索願い提出後の扱い

「一般家出人」の場合は、警察のコンピュータに家出人情報が登録されます。

❽ 帰宅した場合 ←

家出人捜索願いを提出後、子どもが自主的に帰宅した場合は、警察署へ発見（帰宅）の連絡を入れる必要があります。

❾ 家出についての警察の相談は？ ←

警察総合相談窓口は、全国共通＃９１１０（警察相談専用電話）がおすすめです。受付時間は、警察署により異なりますが、平日の9時～17時。生活安全課や防犯課の経験豊富なアドバイザーに相談できます。

電話相談するためのポイント ←

①家出したときの子どもの様子　②家出して何日目か？　③原因の心あたりは？　④子どもが行きそうな場所は？　など

感情にまかせ、子どもの家出を放置するのは厳禁です。万が一事件に巻き込まれてしまったときに、親も子も取り返しがつかないことになってしまいます。

家出から犯罪への道を防ぐ!?

プチ家出は、本格的な家出や、非行に走るまでの移行期間。そのため**こ**

の段階なら子どもを更生させることが可能です。本格的な家出に発展してしまうと、望まない人生のレールに乗ってしまう可能性が強まります。

子どもが犯罪に手を染めていくときは、はじめは小さなものから始まり、その刺激に慣れてくると、さらなる刺激を求め、次第にエスカレートしていくものです。プチ家出は、まだ小さいものです。問題が大きくなって、手遅れの段階になると、正常の日常生活に引き戻すのに、親が何をしても逆効果になり、修復が不可能になってしまいます。それほど、家出中の子どもが体験するインパクトは、大人の尺度では測ることができません。

まとめ

子どもが家出したときに警察に連絡すると、小学校低学年、中学年以下の場合には比較的すぐに対応してもらうことができますが、それ以上になってくると21時を過ぎて連絡しても、「まぁ、よくあることです」とか、「あまり心配しないで、もう少し様子を見てください」とか「もう、少年課は帰ってしまいましたから、明日改めて連絡してみてください」といった投げやりな対応をされたことが実際に何度かありました。そんなときは、警察署の対応の状況を警視庁に連絡したり、連絡した警察署以外の警察署に対応してもらえるようにお願いします。

また、警察に家出の捜索願いを出しても捜査が進展しないときには、民間の捜査機関（探偵）や、家出人捜索サイトの利用を検討するのもいいでしょう。ただし、警察は国の機関ですので基本的に無料でお願いできますが、民間の捜査機関は料金がかかりますので、よく考えてから利用するようにしましょう。また、インターネット上で家出人の情報を公開できる無料サイトもありますが、利用方法をよく読んでから使用するようにしてください。

コラム

一時保護所ってこんなところ！

一時保護所は、児童相談所に付属し、保護を必要とする子ども（おおむね2歳以上18歳未満）を一時的に預かる場所です。養育にそなえ、生活状況の把握や生活指導なども行われます。

幼児（未就学児）と学齢児（小学生以上）に分かれ、日課に沿って生活することになります。保護所では、子どもの年齢や生活に応じたしつけや生活習慣が身につくように努め、学力に合った学習指導を行い、学習の習慣と意欲の向上を目指し、看護師が、健康状態などには十分注意を払い、異常があれば直ちに医師に診てもらえるようになっています。

また、専門の栄養士と調理師が、栄養のバランスに配慮した児童向けの献立を立て、楽しい食事ができるように工夫され、誕生会、遠足、運動会など、季節に応じた各種の行事があります。

つよぴょんも一時保護所に入所したことがありますが、本人にとっては、規則正しい生活を強いられることと、外出ができないこと、また規則も多かったようで、あまりいいところではなかったようです。

第15章 恐怖！ 家庭内暴力が殺人に!?

子どもの家庭内暴力は年間約1300件！ 約6割が母親を対象！

Q やがてわが子も非行少年になるの!?

A 絶対そうなるわけではありません！ ですが危ないなと思ったら早期解決を目指しましょう！

不登校の実態

文部科学省の定義では、「不登校児童生徒」を「なんらかの心理的、情緒的、身体的あるいは社会的要因・背景により、登校しないあるいはしたくてもできない状況で、年間30日以上欠席した者のうち、病気や経済的な理由による者を除いた生徒」としています。

平成21年度の国・公・私立の小・中学校における不登校児童生徒数は、12万2432人。その内訳は、小学校2万2327人、中学校10万105人。また国・公・私立の高等学校の不登校生徒数は5万1728人です。今、不登校児の増加は学校教育の大問題ですが、将来の日本の発展にも影響を

何カ月も連続で休む生徒や登校・不登校を繰り返す生徒もいます。

及ぼす可能性があるとして深刻な社会問題として考えられます。

不登校の原因は?

不登校の原因は、かつてはイジメが一般的だったのですが、最近は突然無気力になったり、登校時間になると頭痛やめまいなどの心身的な症状が発生したりする心因性のものも増えています。

なかには登校したものの自分の教室に行けずに、そのまま保健室に行く「保健室登校」の子どもたちも少なくありません。**子どもが不登校の兆候を見せたときは、初期の対応が大変重要になりますので、注意して子どもと向き合う**ようにしましょう。

不登校となった直接のきっかけと不登校状態が継続している理由は、小学校では「本人の問題に起因」、次に「家庭生活に起因」「学校生活に起因」の順となっています。一方、中学校では「学校生活に起因」が一番高く、次いで「本人の問題に起因」「家庭生活に起因」の順になっています。さらに不登校が継続している理由は、小学校、中学校ともに「複合」が多く、「不安など情緒的混乱」、「無気力」が上位を占めています。具体的には、学校起因の問題では、友人関係問題で、イジメやけんかなど。教師との問では、強い叱責や注意、その他授業がわからなくなり、学業の不振から試験が嫌になったという問題です。

また、家庭生活では、家庭の生活環境の急激な変化、親の単身赴任をはじめ、親の叱責や親の言葉・態度への反発など親子関係をめぐる問題があります。

えりたま's COMMENT

不登校の問題は母子世帯だから多くなるわけではありません。しかし、イジメの問題に巻き込まれることを考えれば、その数は多いと思われます。しかし不登校になった原因を相談すると、学校ではその責任は保護者にあると指摘されることが多くあります。

つよぴょんの経緯をたどってみると、友人問題だけでなく、成績が悪い生徒は素行も悪いといった偏見から先生による強い叱責や注意、例えば、先生の管理ミスによる制服紛失が、

子どもが不登校になると、親は自分の時間がなくなり振り回されることになります。私の場合もつよぴょんの不登校問題があったときの収入は、通常に比べかなり減少しました。仕事と家事で手一杯→子どもと向き合えない→子どもの不登校→子どもに振り回されるという負のループにズブズブと引き込まれていきました。

つよぴょんの落ち度として注意を受けたり、女子に悪口を言った、言わないでその女子生徒の保護者に土下座をさせられたりしたこともありました。そういったことの積み重ねで、つよぴょんは学校に行くのが嫌になっていったようです。

つよぴょんの場合は、児童相談所との話し合いにより、区の不登校対策室に通うことになりましたが、遅刻、不登校は、結局中学校卒業まで止まりませんでした。

家庭内暴力は放置してしまうと、殺人にも……

家庭内暴力とは、子ども、大人にかぎらず家族に対して振るわれる暴力のことで、単に身体的暴力にかぎらず、暴言、支配、恫喝、ストーカーなどを含み、性的な暴力、レイプも含まれます。

その原因は、ストレス、発達障害、人格障害、引きこもりといった内的要因と、飲酒、薬物使用、非行、失業、高齢者介護疲れといった外的要因と、それらの原因が複雑に絡み合った複合的な要因があります。

なかでも、少年による家庭内暴力の認知件数は、昭和58年の１３９７件をピークに一時は減少傾向にあったものの、平成12年に急増して以降は１０００件を超える状態が続き、18年は１２９４件でした。最も高い比率を占めるのは中学生で、警察庁生活安全局の資料によると、この年には43・７％を占めています。

家庭内暴力の対象は、母親が61・８％と最も多く、次いで家財道具など10・８％、同居の親族10・０％の順になっています。報告された家庭内暴力のうち、被害者が傷害を負ったものは９０８件、殺人及び殺人未遂に発展したものは62件とされています。暴力の動機は「しつけなど親の態度に反発して」が最も多くなっていました。

家庭内暴力の被害で、**生命の危機を感じたときは、迷わず１１０番してください**。

ただし、単なる親子ゲンカと判断されることもありますので、＃９１１０（警察相談専用電話）を利用し、事前の情報を提供しておく必要があります。

えりたま's COMMENT

私の場合、家庭内暴力で警察に電話をしても、親子ゲンカレベルでは、民事不介入の原則があるからと言って、なかなか来てくれませんでした。

やっと、警察が来てくれても、両者（親と子）に状況を聞くだけで具体的な対応はなく、数日後にまた同じような暴力をふるわれました。

近所の交番、少年センターとあちこちに相談し、警察に状況を話し、最後は「正当防衛で息子を刺すかもしれない」と訴え、これで、やっと子どもを一時保護所に預けることができました。

一時保護所をはじめ、保護施設はすでに待機児童がいるため、なかなか預かってもらえませんでした。また、警官によっては、子どもの暴力は親に対するメッセージだからと話し合いを強くすすめ、さらに「私が暴力から逃げるための手段はありますか?」と相談しても、「15歳（未成年）をひとりにすることはできないし、それは児童虐待になる」

と言われ、行き場を失ったことが何度もあります。

まだある！　子どもの問題行動

●薬物乱用

薬物乱用は、社会規範から外れた方法や目的で薬物を使用することです。また、薬物を本来の使用目的以外、または使用用量から大きく外れて使用したりすることも含まれています。

平成20年の調べによると、覚せい剤事犯で検挙した少年は２７５８人、大麻事犯で検挙した犯罪少年は１７３０人、ＭＤＭＡなどの合成麻薬事犯で検挙した少年は１７６人となっていました。なかでも、少年の薬物事犯ではシンナーなどの乱用が多いことを知っておきましょう。

●出会い系サイトに関連した青少年の犯罪被害

平成20年中に「出会い系サイト」を利用して犯罪被害に遭った児童は

724人。罪種別では「児童買春・児童ポルノ法」違反が387人と多く、次いで青少年保護育成条例違反が232人です。また、殺人・強姦等の重要犯罪の被害に遭った児童は20人。また、「出会い系サイト」を利用して犯罪の被害に遭った児童724人のうち、アクセス手段に携帯電話を使用したものが714人（98・6％）となっています。

●暴走族などの非行集団

暴走族とは、法律を無視した危険な運転や爆音爆走などを繰り返したり、路上強盗、ひったくり、恐喝などの犯罪を行い、治安を悪化させたりする行動をとる集団です。彼らはほとんどが少年で、勢力拡大のため対立抗争を起こし、ときには暴力団が後ろ盾になっていることもあります。調べによると平成20年に刑法犯で検挙した暴走族少年は802人。罪種別検挙状況をみると、窃盗と傷害が高くなっていました。

●校内暴力

文部科学省の調査データでは、国・公・私立の小・中・高等学校で「自校の児童生徒が起こした暴力行為」のうち、平成19年度に学校内で発生した暴力行為は、小学校では４８０７件、中学校では３万３５２５件、高等学校では９６０３件とされています。

●不良行為

不良行為少年とは、非行少年には該当しませんが、飲酒、喫煙、家出等を行って警察に補導された20歳未満の者のことを言います。平成20年に警察が補導した不良行為少年は１３６万１７６９人。なかでも、深夜徘徊《はいかい》は、平成２年に比べると３・６倍となっています。

●自殺

調べによると、平成20年に警察が把握した青少年の自殺者は、４０４９人。これを学職別に見ると、学生・生徒のうちでは大学生が最も多く、青少年全体で見ると無職者が最も多くなっています。男女別に見ると、女子が男子を上回っています。

（平成21年版『青少年白書』より）

えりたま's COMMENT

子どものトラブルは、ウソや盗みにかぎらず、ひとりで悩んでしまう前に他人に相談することが大切です。ただ、相談者によっては「お母さんがしっかりしないからでしょう。もっと子どもと会話する時間を持ちなさい」と言われ、さらに頭を抱えることも多々あります。しかし、一度電話して傷ついたからもう相談しないのではなく、とにかく相談窓口を変えて話を聞いてもらうようにすることです。第三者に話を聞いてもらうだけで、トラブルの核心が見えてくると同時に、冷静に考えられるようになってくるはずです。

また、子どもの問題行動の多くはいろいろな環境因子が絡み合って起きていますので、問題が発覚した場合には心を落ち着けて糸口を探してみましょう。一番大切なことは心を開いて相談できる相手を見つけることです。

子どものトラブルに関する相談機関

●少年センター

子どもが犯罪をしていたり、事件に巻き込まれたときなど、こちらで相談にのってくれたり、解決の助けとなってくれることもあります。

相談窓口は、ヤング・テレホン・コーナー（警視庁少年相談室）

○電話番号：03−3580−4970

○受付時間：平日午前8時30分〜午後8時

（＊土・日・祝日は午前8時30分〜午後5時）

○HP：http://www.keishicho.metro.tokyo.jp/soudan/young/young.htm

●ひとり親家庭などの電話相談

母子家庭や父子家庭などの生活上の心配ごと、健康上の不安、子どもの養育、就学上の悩み、就職の問題など、さまざまな問題について、電話相談員が相談に応じてくれます。

相談窓口は、（財）東京都母子寡婦福祉協議会

○電話番号：０３－５２６１－１３４１
○受付時間：毎月第１・第３土曜日の午前10時〜午後４時
＊祝日・年末年始を除く
○ＨＰ：http://www.tobokyou.net/soudan/

●４１５２（ヨイコニ）電話相談

18歳未満の子どもに関するあらゆる相談が可能です。名前を名乗る必要がないため、気軽に電話することができ、相談には、経験豊富な専任相談員があたってくれます。相談内容によっては、ほかの相談機関を紹介してもらえます。

相談窓口は、東京都福祉保健局
○電話番号：０３－３２０２－４１５２
○相談受付時間：平日午前９時〜午後８時30分
土・日・祝日午前９時〜午後５時（年末年始を除く）
○ＨＰ：http://www.fukushihoken.metro.tokyo.jp/jicen/annai/tel/

●児童相談所

子ども関することなら基本的になんでも相談可能。専門の職員が対応し、必要に応じてほかの機関とも連携しながら問題解決のために相談にのってくれます。基本的に無料で利用できます。

●警察署

子ども（青少年）に関する問題は、防犯活動、少年事件、環境事犯捜査、保安捜査などを行う「生活安全課」が担当する場合が多いようです。

●学校関係

学校内の養護教諭、スクールカウンセラー、校医など、身近な相談先です。もちろん、無料で利用できます。

●保健機関

精神保健福祉センターや保健所。心の問題に関係する相談が可能。必要に応じてほかの機関とも連携しながら問題解決が可能です。基本的に無料で利用できますが、電話がつながりにくいようです。

●医療機関

心に病があると考えられる場合には、病院の心療内科や精神科へ。医師会の思春期相談室でもいいでしょう。有料と無料の場合があります。

●臨床心理士

心理学の知識とテクニックをもとに、心の問題を解決する手助けをしてくれる専門家です。カウンセリングや心理療法などを取り入れることもあります。基本的に有料です。

●大学の心理教育相談室

大学内に設置され、一般の人も利用できる相談室で、心理学的な立場からサポートが得られます。有料と無料の場合があります。

自分の問題に合った機関を利用してみてください。

コラム

離婚後、セカンドファミリー（再婚）を考えたくなったときは？

離婚をするか、しないか……この判断は、結局誰にも決めることはできません。今の生活と、今後の生活、子どもの成長、そして何よりも自分の幸せを一番に考えて結論を出しましょう。また、離婚は新しい人生への再出発。もう一度、恋をするチャンスと考えるのもいいかもしれません。

恋も再婚も、子どもの年齢によって左右されますが、恋や再婚は子どものためではなく自分のためと考えてみるのはどうでしょうか。

子どもはいずれ巣立ち、新しい家庭をもつことになりますが、新しいパートナーとは、これから長い年月を共に過ごすことになるからです。

また、親しくなった相手でも、再婚をお互いが本当に意識するまでは、子どもに会わせず、距離を保つことが大切です。子どもによっては「母親を獲られる」とか「疎外されている」などと感じ、傷つく場合もありますので、徐々に理解を深めていく努力を心がけてください。

まとめ

シングルマザーになってはじめて気づくこと

本書全体を通して、シングルマザーの実態について、詳しく述べてきました。そこでは、貧困問題や、教育問題など、普通の家族では意識しない問題が多くあり、驚かれた方もいらっしゃるかもしれません。

日本では、生活のためのさまざまなシステムが父と母、それに子どもというういわゆる核家族を中心につくられています。その中で、イレギュラーである母子世帯は、その枠の外ですので、きめ細かい金銭的な支援やケアがされていません。普段、その規格内にいればそれが当たり前のことなので気づかないものですが、一度その枠の外に出てしまうと、その違いに驚くことになるでしょう。

不幸のループから抜け出すには

しかし、実際にシングルマザーになった場合は、そのシステムを嘆いていても解決はしません。もちろん支援や制度が改善されるにこしたことはありませんが、まずは現状を受け止め、少しでも前向きに考えましょう。

生活が苦しくなると、子どもに対してイライラしてしまうこともあるでしょう。そんなときは、一度子どもの立場に立って考えてみてください。子どもが何を望んでいるのか、母親に何を求めているのかなど、自分では気づかないこともたくさん発見できるはずです。

私はシングルマザーになった当時、生活することに必死で、ほかのことを考える余裕がありませんでしたが、こうして振り返ると、もっと子どものためにいろいろできたことがあったのではないかと、反省することしきりです。

また、子どもだけではなく、他人のことを思いやる気持ちも必要です。自分が自分がとなってしまうと、不幸のループから抜けきれません。結局、シングルマザーになって痛感したことは、自分ひとりでは生きて行くことはできない、ということでした。自分が気づかなくても、たくさんの人の支援によって、これまで生きてきたのです。

しかし、私は人を思いやるゆとりもなかったので、余計に苦しい思いをしたのかもしれません。私は、今までのいろいろな経験を通して、ようやくその考えに至りました。ですから皆さんは、私を反面教師として、人のためを考えられる女性になってほしいと願っています。

おわりに

母ひとり、子ひとりで生きてきました。その過程では、つよぴょんの家庭内暴力など、ここには書ききれないほどの苦労もしましたが、ご近所をはじめ多くの人の手を借り、国から各種の手当を頂いたことに感謝し、今まだ青い空と輝く太陽を見ることができる自分にホッとしています。

現状は、息子と暮らせる小さなアパートを見つけると同時に、賃貸料の安い仕事部屋を作り、息子の学費やほかの経済的支援をしつつ半分別居のような暮らしをしています。アパートには、週に数日様子を見るために行きますが、息子は外泊中！　ただ、理解者を見つけたらしく、学校には通っている様子です。いつか息子と、あの頃はこうだったねと、本書を笑いながら読める日が来ればいいなと思っています。

最後になりますが、ここまでお読みくださって、本当にありがとうございます。そして、この本が少しでも皆様の幸せ探しに役立つことを願っております。

参考文献

『反貧困の学校』宇都宮健児、湯浅誠 編（明石書店刊）

『貧困大国ニッポン―２割の日本人が年収 200 万円以下』
門倉貴史＋賃金クライシス取材班（宝島社新書刊）

『子どもを愛せなくなる母親の心がわかる本』大日向雅美 監（講談社刊）

『友だちをいじめる子どもの心がわかる本』原田正文 監（講談社刊）

『親に暴力をふるう子どもの心がわかる本』山中康裕 監（講談社刊）

『貧困の現場』東海林智 著（毎日新聞社刊）

『現代の貧困―ワーキングプア / ホームレス / 生活保護』岩田正美 著（ちくま新書刊）

『反貧困――「すべり台社会」からの脱出』湯浅誠 著（岩波新書刊）

『格差と貧困がわかる 20 講』牧野富夫、村上英吾 編著（明石書店刊）

『ワーキング・マザーの子育て心得帳――小学生のお母さんのお助け情報満載！』
マザーネットワーク 編（ＰＨＰ研究所刊）

『シングルマザーのあなたに――暮らしを乗り切る 53 の方法』
ＮＰＯ法人しんぐるまざあず・ふぉーらむ 編著（現代書館刊）

『図解雑学　ジェンダー』加藤秀一、石田仁、海老原暁子 著（ナツメ社刊）

『子どもの最貧国・日本』山野良一 著（光文社新書刊）

『離婚の進め方がよくわかる本』鯉沼希朱、藤原道子 編（ ナツメ社刊）

『子どもの貧困――日本の不公平を考える』安部彩（岩波新書刊）

『格差と貧困のないデンマーク――世界一幸福な国の人づくり』千葉忠夫（ＰＨＰ新書刊）

『ドキュメント高校中退――いま、貧困がうまれる場所』青砥恭（ちくま新書刊）

著者

ふじ　えりこ

８月 10 日、兵庫県伊丹市生まれ。フリーライターとして、離婚、不妊症、美容、健康、子ども科学、園芸まで幅広い分野で執筆。ブログ『R18 恋文屋のひとりごと』は 150 万アクセス以上を記録したが、あまりの過激さで抹消。情報番組等で貧困シングルマザーとして『ドキュメント・ナウ（TBS）』『北島ウィークエンドパーク（テレビ東京）』『こたえてちょーうだい（フジテレビ）』などに取材を受ける。結婚×２、離婚×２、子育て（♂、17 歳）の人生経験をもとに、電話相談の占い鑑定師としても活動。著書に『開運！日本の伝統文様』（日本実業出版社）『開運 和のお守り文様 366 日』（ＰＨＰ）など多数。

シングルマザーを生き抜く15のノウハウ
―― 離婚・貧困の連鎖を乗り越えて

2012年6月1日　　第1刷発行

著　者　　ふじ　えりこ
発行者　　上野良治
発行元　　合同出版株式会社
東京都千代田区神田神保町1-28
郵便番号　101-0051
電　　話　03（3294）3506
F A X　03（3294）3509
振　　替　00180-9-65422
U R L　http://www.godo-shuppan.co.jp/
印刷・製本　株式会社シナノ
漫　画　世鳥アスカ
装丁・図表　甲斐麻里恵

■ 刊行図書リストを無料送呈いたします。
■ 落丁乱丁の際はお取り換えいたします。

ISBN978-4-7726-1081-0　NDC367　210 × 148